Do Facebook ao book

HUDSON CARVALHO

Do Facebook ao book

Copyright © 2021 Hudson Carvalho

EDITOR
José Mario Pereira

EDITORA ASSISTENTE
Christine Ajuz

REVISÃO
Elisângela Alves

PRODUÇÃO
Mariângela Felix

CAPA
Carlos Nem

DIAGRAMAÇÃO
Arte das Letras

DADOS INTERNACIONAIS DE CATALOGAÇÃO NA PUBLICAÇÃO (CIP)
(CÂMARA BRASILEIRA DO LIVRO, SP, BRASIL)

Carvalho, Hudson
  Do Facebook ao book / Hudson Carvalho. – Rio de Janeiro, RJ: Topbooks Editora, 2021.

  ISBN: 978-65-5897-009-5

  1. Ensaios brasileiros 2. Facebook (Rede social on-line) I. Título.

21-89284   CDD-B869.4

TODOS OS DIREITOS RESERVADOS POR
Topbooks Editora e Distribuidora de Livros Ltda.
Rua Visconde de Inhaúma, 58 / gr. 203 – Centro
Rio de Janeiro – CEP: 20091-007
Tel.: (21) 2233-8718 e 2283-1039
topbooks@topbooks.com.br/www.topbooks.com.br
Estamos também no Facebook e Instagram.

Sumário

Prefácio 11
Introdução 15
Partidos políticos 23
A morte digna 27
A agonia da imprensa 32
Dois quilos de feijão e Billie Holiday 35
O "isentão" Gabeira e as tornozeleiras ideológicas 37
O general é o maior problema do capitão 40
Exercício de admiração – Clint Eastwood 43
Os black blocs do MP e do Judiciário 47
Exercício de admiração – Jorge Ben 50
A Notre-Dame e o nosso Museu Nacional 54
Ruínas e lupanares 57
Na Itália, comida boa é a desafetada 62
Exercício de Admiração – Billy Wilder 68
GoT deslizou no politicamente correto 74
As esquerdas... 77
As Sentinelas da Mediocridade 81
Exercício de admiração – Yves Saint Laurent 86
Manuel Castells e os "manés" 92
Para Macaé e os macaenses 97
Bolsonaro é um perigo real 104
O futuro é das mulheres 109

Exercício de Admiração – The Beatles ... 114
Divagações sobre a elegância ... 119
Pragmatismo partidário desqualifica a política ... 124
Lula livre e jornalistas brigões ... 129
Questionando as políticas identitárias ... 133
Ainda há cinema com Allen e Scorsese ... 142
Candidaturas independentes no horizonte ... 148
Xadrez e intolerância ... 153
Avulsos sobre idades e tempos ... 160
O beijo ... 166
A praga dos especialistas ... 173
Siamo italiani ... 181
O Anticristo ... 194
Jorge Mautner e o disco voador ... 199
Viva a Rede Globo! ... 204
Deduragens e estátuas ... 211
Exercício de admiração – Ennio Morricone ... 219
Exercício de admiração – Sir Sean Connery ... 227
Os gafanhotos do Leblon ... 232
Pelé ... 235
Para além da margem de erro ... 238
Tipo Biden ... 243
Eleições do Rio ... 248
Imprensa ... 251
Guerras culturais e kits ideológicos ... 256
O centenário de Leonel Brizola ... 264
Santiago, a última flor ... 274
O choque tectônico entre Bolsonaro e Lula ... 281
Napoleão e o escravagismo mental ... 289
Veado bom é só o nosso ... 297

Às amigas e aos amigos de outra geração – Fernanda de Mello, Milena Neves, Rafael Lisbôa e Rafael Menezes.

A Fernanda Montenegro, simplesmente por ser merecedora de todas as reverências do mundo.

Prefácio

Luiz Roberto Nascimento Silva[1]

Hudson Carvalho construiu sua vida profissional no jornalismo tendo se formado nele na UFRJ. Trabalhou nos principais órgãos de imprensa exercendo as mais diversas funções como repórter, pauteiro, colunista, editor-assistente e editor. Como jornalista cobriu inúmeras campanhas eleitorais desde de quando o voto ainda era impresso até absolutamente todas as eleições eletrônicas. Sabe como poucos ler pesquisas eleitorais, decodificando tendências algébricas para além da simples aritmética e, por isso, sempre foi consultado por diversos políticos ao longo dos anos. Com múltiplos talentos e saberes é natural que pense e escreva sobre temas diversos.

Esse livro se sucede ao saboroso *O menino que comia foie gras* onde reuniu as crônicas que escreveu sobre gastronomia no jornal *O Globo* sob o pseudônimo de Pedro Henriques. Nelas, a análise dos restaurantes era motivo para que o autor também discorresse sobre outros assuntos que ultrapassavam o tema central.

---

[1] Advogado, escritor e ex-ministro da Cultura.

Assim, o leitor navegar e ler sobre os mais diferentes assuntos, como, por exemplo, os partidos políticos, tema do primeiro post, agora artigo. Ficará informado sobre a origem e desenvolvimento dos partidos políticos e talvez mais consolado de saber que a confusão e balburdia nessa matéria não é problema apenas do nosso país. Ampliará informações sobre a eutanásia ao tomar conhecimento dos debates no mundo sobre ela, também conhecida como morte digna. Terá a visão do autor sobre a crise da imprensa tradicional no atual mundo digital. Entenderá porque prefere Clint Eastwood como diretor de cinema à sua porção ator. Terá mais informações sobre os limites da atuação política apenas indentitária com ênfase na questão racial.

Li com prazer seu post sobre xadrez num momento em que os supercomputadores tendem a transformá-lo em monotonia com jogos empatados pela previsibilidade matemática das máquinas. Acho fantástico que reconhecendo Fischer e Kasparov como os maiores enxadristas da era moderna tenha especial predileção por Mikhail Tal que se notabilizou por um jogo com "sacrifícios" devolvendo risco e arte ao xadrez. Gosto particularmente de sua convicção de que o combate ao racismo é a grande tarefa, mas ao mesmo tempo que não se deve julgar a história fora de nosso tempo. Nessa perspectiva decepar de estátuas de Colombo ou pichar as de Churchill transforma-se num exercício infantil e equivocado de desconhecimento do processo histórico. Resgata uma frase maravilhosa do Darcy Ribeiro aplicável a situações semelhantes a essa quando dizia que "esta é à esquerda que a direita gosta". Bingo.

Hudson Carvalho demonstra sólido conhecimento do processo artístico e cultural italiano e de sua contribuição essencial para o Ocidente. Excelente o exercício comparativo das políticas de preservação patrimonial francesa e brasileira tendo como pano de fundo os incêndios da Notre-Dame e do nosso Museu Nacional. Sua paixão pelo cinema está expressa em grande número de textos com homenagens a atores e diretores.

Conheci vários dos posts em tempo real, outros não. Tive enorme prazer ao vê-los reunidos sob a forma de livro. Eles indicam um trabalho profundo de pesquisa sobre os diversos temas expressando sempre um pensamento sem tornozeleiras ideológicas, qualidade rara no momento atual. Assim através da rede social e num mundo de dominância da imagem o pensamento através da palavra continua a organizar ideias, expor pensamentos e lutar por um mundo melhor. O novo livro de Hudson Carvalho consegue atingir todos esses objetivos.

Introdução

Nunca me interessei por redes sociais, nem domino os seus fundamentos, mecanismos, dinâmicas, códigos de conduta e fortuitos benefícios. Minha vasta insciência estende-se também a esta alçada. Possuo apenas WhatsApp e e-mail utilitários, para usos básicos e comedidos. Sou anacrônico e analógico. Para piorar, porto taxa de curiosidade parcimoniosa, o que torna o meu campo de atenção bastante restrito. Naturalizo muitas outras insuficiências.

Agora, resolvi me aventurar por esta "selva", como parte de uma espécie de "terapia ocupacional", esboçando trabalhos pósteros. Sem crenças e convicções pétreas, pretendo priorizar levezas, belezas, frivolidades, hedonismos, lirismos e impulsos ficcionais. Anima-me igualmente a possibilidade de poder me manifestar contra o senso comum em diversos assuntos, embora as minhas eventuais considerações não tencionem estimular implicâncias e confrontos nem aspirem se impor como truísmos. Não sou guerreiro da luta política nem missionário de dogmas enlatados. Descrente de deuses e de homens, é natural que o ceticismo permeie os meus olhares e "achismos" sobre as narrativas das realidades cotidianas. Por outro lado, sob os rigores dessas premissas e despossuídas de certezas, minhas opiniões divorciam-se das verdades febris e das litanias doutrinárias, privilegiando relativismos e racionalidades em detrimento de absolutismos e paixões. Não anseio por edificar maquete de sociedade perfeita. Espero manter-me longe das discussões escaldantes. Para isso, há pessoas mais talentosas, determinadas, profissionais, nefelibatas ou insanas. Procuro dedicar-me mais a ideias, conceitos, instituições, e menos a fulanizações. Não almejo fazer deste ambiente o centro da minha vida. Por isso, minhas incursões tendem a ser seletivas e irregulares. Por razões de prioridades e de falta de tempo, pretendo limitar as interações ao mínimo, mesmo correndo o risco de gerar possíveis e compreensíveis sentimentos de antipatia. Escusas antecipadas.

Por décadas, trabalhei próximo do universo político. Primeiro, como jornalista de vários dos principais veículos de mídia do país. Depois, prestando assessoramento e consultoria a políticos, entre outros clientes. Ocasionalmente, ainda escrevo artigos sobre o tema para jornais. Apesar do meu longo histórico nesse *front*, pretendo minimizar o espaço da política aqui.

Imagino que esses enunciados balizem as deficiências e as desambições deste titular. Os meus objetivos não se coadunam como o espírito prevalente nas redes sociais. Por ora, pouco importa, pois eles visam desdobramentos futuros. Aliás, estas preliminares seriam desnecessárias, se não fossem os propósitos vindouros. No mais, desculpem-me pelo egocentrismo encachoeirado nessas asserções.

Faz-se indispensável agradecer ao jornalista Pedro Doria, especialista no *métier*, pelo esforço de tentar me explicar o que eu tenho gigantescas dificuldades de compreender sobre a galáxia digital. A despeito da ajuda qualificada, levará tempo para que eu possa entender a lógica desta plataforma e desenvolver um procedimento operacional razoável.

À "terapia ocupacional", pois.

No dia 11 de fevereiro de 2019, sob o título "Preliminares", escrevi as linhas anteriores no meu primeiro post no Facebook, em uma espécie de preventiva carta de intenções. Decidi mantê-las no introito deste livro, por vê-las ainda como sínteses das minhas finalidades ao me matricular no Face. Desde sempre, os meus posts nunca objetivaram interatividades pessoais ou incrementos nos circuitos relacionais; duas dinâmicas que compõem a essência e a razão da existência das redes sociais. Aceitei a quase todos que quiseram a minha "amizade", entretanto não correspondi a diversas expectativas, principalmente das pessoas desconhecidas. Desventuradamente, sou cada vez mais insocial. Falta-me o sobressaído traquejo comunitário das capazes, simpaticíssimas e gregárias jornalistas Ana Maria Ramalho e Yacy Nunes. Tive muita satisfação, porém, em reencontrar o meu universo natal macaense e "rever" pessoas com quem cruzei na vida, fosse em locais de trabalho ou em outras paradas. E passei a admirar "estranhos" pela afinidade de visões e gostos, como a princesa da delicadeza Anna Lúcia Vacchiano. As mais proveitosas e prazerosas convergências deram-se pelas passarelas culturais, que me são naturalmente afins e onde concentro atualmente a minha atenção. Felizmente, os algoritmos disciplinam esse fluxo de sustância cultural, que se exponenciou, para este hedonista, na moderna erudição do multifacetado João Carlos Rodrigues, a quem conheci nas areias incandescentes – latu sensu – de Ipanema na segunda quadra dos anos 1970 e, posteriormente, perdi de vista. O machadiano acadêmico Antonio Carlos Secchin ajudou-me a lubrificar o meu olhar ressecado para a poesia. E muitos outros poetizaram a minha vida no Face.

Antes de entrar no Face, tal assinalo nas "Preliminares", conversei com o competente jornalista Pedro Doria, para descortinar eventual caminho dentro das redes sociais, sobre as quais eu era – e ainda sou – totalmente analfabeto. Alheio às redes sociais – majoritariamente, antissociais na prática –, eu buscava uma plataforma em que pudesse escrever e ficasse menos exposto às tretas. Não tenho vocação nem talento para duelista. Posso fazer minhas as aflições do sensível escritor angolano José Eduardo Agualusa: "Tenho horror a conflitos". Ademais, não sei manusear as ferramentas que facilitam o incremento de artifícios visuais e sonoros, como o *Youtube* e o *Instagram*. E seria impossível me expressar em 280 caracteres, para adequação ao coliseu *twitteano*. Sobre orientação de Pedro Doria, ingressei no Face, contudo desconsiderei sábio conselho dele: "Não escreva textos longos, pois ninguém lê". Fiz o contrário, usualmente. Às vezes, juntava dois ou três assuntos no mesmo post, justamente para encorpá-lo. Não obstante a qualidade e o ocasional interesse suscitado, intuí que os textos espichados poderiam selecionar automaticamente a audiência, poupando-me dos lorpas e pascácios – viva Nelson Rodrigues! – que babelizam e estupidificam as redes sociais. Afortunadamente, deu certo; milagrosamente, não tive uma escassa aporrinhação. Para enfatizar os meus plácidos intentos, criei a série "Exercício de Admiração", visando, exclusivamente, enaltecer alguém que reverencio. Em suma, procurei ficar longe e protegido das confusões, embora prefira questionar o senso comum, os grilhões doutrinários, os estouros irreflexivos de manadas, os binarismos reducionistas e os modismos líquidos, o que faço sob as rédeas da cautela. Como já frisei, sensibilizo-me mais com ideias, conhecimentos e belezas do que com fulanizações e polêmicas, e evito críticas individualizadas, mesmo não tendo o gênero humano em boa conta. Exprobar o presidente Jair Bolsonaro configurou-se exceção; todavia aí é autoexplicativo. Reconheço que os meus posts não tinham nada a ver com o espírito preponderante do Face, pois tencionavam propósitos distintos, aqui materializados.

Também negligencie os protocolos de conduta. Abusei e peço desculpas aos faceboqueanos militantes.

A quase totalidade das composições deste opúsculo originou-se em posts autorais no Face. Por incentivo de alguns usuários desse palanque digital – entre eles, Luiz Roberto Nascimento Silva, ex-ministro da Cultura, que assina o prefácio –, parcela dos posts faceboqueanos migrou para o modus livro. Nesse sentido, recebi igualmente estímulos de amigos refratários às redes sociais, que conheciam certos textos por eu tê-los encaminhado diretamente a eles. De fato, os meus posts no *Facebook* sempre se destinaram a possibilidade de se congregarem em um livro. Daí, as suas composturas insolentes e inadequações ao ambiente faceboqueano. Todos os posts presentes foram reescritos. Vários ganharam complementações; outros, só polimentos. Da seleção, exclui os eminentemente privados, deixando, portanto, poucos em que as referências particulares não se sobrepunham aos focos centrais. Há também textos aparentemente vencidos, mas que carregam opiniões atemporais sobre ocorrências relevantes colocadas na conjuntura. Pela extrema perecibilidade, restaram, aqui, minguadas dissertações sobre a ambiência política. Dois textos, que sumarizados se transformaram em artigos publicados em *O Globo*, somam-se integrais a coletânea, por abrigarem teses de raros arautos – a vanidade dos partidos políticos contemporâneos e a morte digna.

Com a pandemia, o caráter de "terapia ocupacional" exacerbou-se. Fui dos que ficaram em casa, com saídas pontuais e objetivas. Não tenho queixas sobre a minha experiência no Face, embora o frequente parcimoniosamente e seja pouquíssimo ativo. Tem sido muito melhor do que o esperado. Em contraponto às milícias medievas e hidrófobas, há muita gente dedicada a cultuar os avanços civilizatórios e socializar sublimidades. Vejo coisas bacanas, delicadas, emocionantes e divertidas por lá. E não me meto em bulhas nem fiscalizo comportamentos de terceiros. Como assinalei no post "Preliminares" acima: "Não anseio por edificar maquete de sociedade perfeita". Suponho que os algoritmos me conheçam, e me livram de desprazeres. Pressinto, no entanto, que a relação se esmaece. Preciso dedicar o meu tempo a outras prioridades, e o pouco que eu dispenso ao já é muito. Por encerrar o desígnio almejado, talvez, este livro se converta em testemunho de uma vivência contingencial e de um distanciamento paulatino e amigável.

Sem negar e desmerecer as amplas virtudes do ecossistema digital, depois da minha degustação no Facebook, continuo analógico; fiel à galáxia impressa de Gutenberg (livros, jornais etc.). *Do Facebook ao book* é uma tentativa de afirmar esse apreço.

Salve os livros!

No mais, agradecer ao amigo e editor José Mario Pereira e a todo o maravilhoso time de profissionais da Topbooks pelo atrevimento.

Agosto de 2021.

Partidos políticos[1]

O Brasil tem 35 partidos políticos. Outras dezenas de siglas enfileiram-se para processo de legalização no Tribunal Superior Eleitoral. Dos já habilitados, 27 abancam-se no Congresso. Esta soma pode mudar a qualquer hora, devido à "janela" aberta para a transferência de parlamentares.

Os partidos políticos surgiram na Inglaterra – Tory e Whig –, em 1680, desenvolveram-se após a Revolução Francesa e a Independência dos Estados Unidos e se consolidaram no século XX. No Brasil, apareceram no Segundo Reinado, sob as denominações clássicas de Partido Conservador e de Partido Liberal, seguindo a tendência europeia de então. No final do século XIX e no início do século XX, esboçaram-se as agremiações de massa, dando voz à insurgência proletária. E mais recentemente, até a queda do Muro de Berlim, os principais partidos refletiam algum nível de representação de setores da coletividade.

O enfraquecimento do discurso ideológico, a hegemonia de uma matriz econômica, as mudanças profundas no

---

[1] Uma síntese deste texto para se adequar ao espaço do jornal, foi publicada em *O Globo*, em 15/03/2016, sob o título "O ideal e o possível".

universo laboral, o incremento da tecnologia, a intensa decepção com os políticos e o florescer de novos modelos de ativismo – potencializados pela internet – agastaram os partidos em todos os ambientes democráticos. No mundo inteiro, surgem partidos a cada eleição; muitas vezes criados, oportunisticamente, só para disputar determinados pleitos, reciclando-se em novas siglas ou agrupando-se em coligações logo a seguir. A novidade, agora, é que sequer querem se afirmar como tal, preferindo a adoção de nomenclaturas que excomunguem a palavra "partido" e que exprimam características abrangentes, mesmo que abstratas, quando não um simples slogan ou plataforma, como o Rede Sustentabilidade, no Brasil, e o Podemos, na Espanha. Com a exceção dos Estados Unidos, partidos políticos tradicionais consistentes são cada vez mais raros. Não é um privilégio, exclusivamente, nosso conviver com a barafunda de legendas e com a insignificância delas.

Apesar de crescentes no país, os partidos minguam, proporcionalmente, em número de filiados. Quase ninguém crê que eles possam ser mais condutores de aspirações, redenções e transformações sociais. Ao contrário; os partidos hoje são vistos como antros de elites políticas corruptas, deletérias, insensíveis e impatrióticas ou simples cartórios eleitorais, totalmente alheios aos anseios populares. Diante dessa realidade, parece extemporânea a premissa que alguns colocam da necessidade de se fortalecer os partidos como base de aprimoramento e de sustentação da nossa democracia. Talvez até fosse o desejável, mas essa conjugação não encontra guarida nos fatos, pela contemporânea disfuncionalidade dos partidos e pela desintegração da imagem deles. Isso faz com que a pregação pelo adensamento ideológico e estruturante dos partidos converta-se em ilusão infecunda. Na política, as utopias precisam de um mínimo de facticidade, para que não sejam apenas incubadoras de frustrações e de repuxos do progresso.

Se dependermos da nostalgia do papel remoto dos partidos para resolver as deformidades da nossa democracia, estaremos lascados, pois os tempos são outros e a sociedade, em contínua mutação, não se vê mais espelhada neles. O crescimento de variantes de ativismos e de tribos reflete essa circunstância de apartamento dos partidos. Na tentativa de capturar esse fracionamento tribal, os sagazes políticos 2.0 afastaram-se, pragmaticamente, dos grandes temas e passaram a vocalizar – com radicalidade, a favor ou contra – sermões de valores, tais como aborto, pena de morte, homossexualismo etc. Bradar o que divide a sociedade assegura muito mais exposição nos meios de comunicação e nas arenas públicas – e, consequentemente, votos – do que tratar de agendas relevantes – porém, áridas – como reforma tributária, previdência social etc. Ser político sério e consequente confere respeito, mas não dá ibope. Como comprovam Donald Trump e outros mocorongos, o que dá ibope, infelizmente, é explorar assuntos polêmicos e estridentes; de preferência, caricaturalmente. E não se pode eximir a mídia de responsabilidade pelo estímulo desse patético espetáculo.

Em artigo no jornal espanhol *El Pais*, o professor Víctor Lapuente Giné, da Universidade de Gotemburgo, ressalta que, para os "guerreiros culturais" da política, o importante não é buscar os consensos, e, sim, insuflar os carbonários em "uma luta de identidades e não de visões políticas". Essa lógica político-eleitoral beligerante, que negligencia o discurso propositivo e a temática institucional superlativa, transcende os partidos, tornando-os ainda mais invertebrados e obsoletos.

Mesmo infeccionados e avinagrados, os partidos políticos persistem como elementos centrais e – ainda – insubstituíveis das democracias. Se os partidos políticos, ao que parece no momento, não reúnem mais condições de abrigar as demandas da coletividade, que funções lhes restariam nas democracias que não podem prescindir deles como filtros eleitorais e como tutorias de governabilidades? Respostas fáceis certamente há as dos corretores de lotes lunares. Difícil é encontrar conclusões realistas que minimizem os vícios nocivos dos partidos e os mantenham como propulsores da ordem democrática. Aperfeiçoá-los, assim como ao sistema eleitoral, talvez seja factível, desde que, considerando-se as deficiências da natureza humana, se faça na perspectiva da realidade, e não na dos delírios de perfeição.

A morte digna[2]

O caso do bebê inglês Charlie Gard, que mereceu a atenção do Papa Francisco, reacendeu o debate sobre a conveniência da legalização da morte digna na Grã-Bretanha. Já na Espanha, o Parlamento analisa lei nacional sobre a adoção da morte digna, que é legitimada em nove comunidades autônomas daquele país. A história do marinheiro Ramón Sampedro, que pelejou 29 anos nos tribunais pelo direito de morrer, atiçou o debate na terra de Cervantes. O marujo teve o seu martírio retratado no filme "Mar Adentro", de Alejandro Amenábar e com Javier Bardem como protagonista. Apesar de 84% dos espanhóis e de 56% dos católicos praticantes, conforme pesquisa de fevereiro do instituto Metroscopia, acharem que o doente crítico e incurável deveria ter assegurado o abreviamento de sua existência, essa é uma discussão abrasada e pautada em dogmas religiosos, filosóficos, culturais, éticos e pessoais. Para muitos, só cabe a Deus o destino de nossa presença. E há ainda os conflitos deonto-

---
[2] Uma versão condensada deste artigo – para caber no espaço de 3000 caracteres – foi publicada em *O Globo*, no dia 16/07/2017, sob o título "O direito derradeiro". De lá para cá, os avanços foram tímidos e pouquíssimos países adotaram medidas sobre a legalização da morte digna.

lógicos dos médicos submetidos ao juramento de Hipócrates, no qual se comprometem a lutar pela vida dos pacientes em quaisquer condições.

Desde os primórdios, a morte induzida causa estranhamento em todas as civilizações, contudo se transformou em tabu apenas com os adventos do judaísmo e do cristianismo. Na Índia de antanho, sacrificavam-se velhos e doentes às margens do rio Ganges. Na militarista Esparta, crianças nascidas com deficiência física – portanto, ineptas para a guerra – eram atiradas do monte Taigeto, segundo relatou Plutarco em "Vidas Paralelas". Esses e outros exemplos remotos tangenciam mais a barbárie coletiva, inspirada em pragmáticas "razões de estado"', do que a lógica paliativa individual imperante nos dias atuais, todavia a questão, conceitualmente, já dividia os sábios. Platão, Sócrates e, obviamente, Epicuro defendiam a ideia da morte antecipada face a sofrimento irremediável. Aristóteles, Pitágoras e, naturalmente, Hipócrates, eram contrários. "Se a morte fosse um bem, os deuses não seriam imortais", liricara a poetisa Safo de Lesbos, cerca de 600 anos a.C.

A despeito do escrúpulo que encapa o problema, ele passou a ser discutido em várias nações ocidentais, que buscam conferir-lhe algum ordenamento jurídico, perante as evidências de prolongamento da expectativa de vida, pelos avanços sociais, medicinais e tecnológicos. Se é verdade que estamos vivendo mais tempo, também o é que parte dessa extensão pode se dar em contextos adversos e, até injustificadamente, humilhantes e torturantes.

No ano passado, o Canadá regulamentou o acesso à eutanásia para doentes terminais. Paradoxalmente, o fez por exigência da Suprema Corte, que considerou inconstitucional uma lei que a penalizava. Por vezes, o papel do Judiciário tem sido ativo nesta matéria. E a judicialização do assunto tende a crescer, pelos múltiplos questionamentos envolvidos. O Uruguai tornou-se referência, por ter sido o primeiro país a legislar sobre a temática, em 1934, contemplando, em Código Penal, o "homicídio piedoso", que assegurava aos juízes a possibilidade de inocentar o autor de homicídio por motivos misericordiosos, mediante a reiteradas súplicas da vítima. Embora o Uruguai não tenha legalizado a eutanásia, ela é admitida por resguardo de juízes. A católica Colômbia acolheu, em 1977, decisão da Corte Constitucional assemelhada à sancionada no Uruguai sobre o "homicídio piedoso".

Diversas nuances aplicam-se na caracterização da morte digna. A rigor, eutanásia (eu/bom e thanatos/morte) significa "boa morte" em grego, e consiste em prematurar a morte de enfermo irreversível ou terminal, a pedido dele ou de familiares, em função da incurabilidade da doença, da ineficácia do tratamento ou do atroz padecimento. A injeção letal é ministrada por esculápio ou conhecido do moribundo. Já a eutanásia passiva, igualmente designada de ortotanásia, limita-se à interrupção do tratamento ou dos procedimentos que prolongam, artificialmente, a vida do doente. E o suicídio assistido apoia-se em pôr ao alcance do combalido irrecuperável alguma droga fatal que o próprio administra.

A Holanda foi vanguardista em adotar a eutanásia e o suicídio assistido, em 2001, após o catalizador caso da médica Geertruida Postma, que fora condenada por aliviar a agonizante vida da mãe doente, a pedido dela. Em 2002, seguiu-se a Bélgica, com lei extensiva, inclusive, a doentes não terminais; licenciosidade revogada posteriormente. Na Suíça, inexiste legislação específica, mas uma interpretação da Corte Federal sobre o direito de morrer das pessoas. Por acolher estrangeiros, tornou-se internacionalmente conhecida quando se trata de suicídio assistido. Nos Estados Unidos, devido à independência federativa, os estados do Oregon, Washington, Montana, Vermont e Califórnia aprovaram o suicídio assistido; alguns por referendo e outros, por via legislativa. Na maioria dos países, os processos de autorização passam por comissões de doutores e de profissionais pertinentes, sendo as dúvidas dirimidas pelo poder Judiciário.

No Brasil, a Constituição assegura a inviolabilidade da vida, e a eutanásia e os procedimentos correlatos são criminalizados. Muitas famílias, porém, depois de exauridas em suas possibilidades, autorizam o desligamento dos aparelhos ou a suspensão dos medicamentos que mantêm os seus entes queridos. Escassas tentativas de tratar do tema não avançaram no Congresso. A morte digna também não ocupa espaços na agenda brasileira, injuriada pelas crises econômicas, sociais e morais. Muitos, entretanto, consideram inexorável uma abordagem efetiva sobre o assunto, em mundo com expressivos avanços na esfera dos direitos civis e em futuro que se avizinha com populações mais envelhecidas. Superadas as barreiras da despenalização do uso de drogas leves, da normatização das relações homoafetivas e da ampliação das prerrogativas das mulheres, o próximo passo poderá ser em defesa da morte digna, o derradeiro marco dos direitos humanos.

A agonia da imprensa

Na sua coluna dominical em *O Globo*, o jornalista Elio Gaspari mencionou o livro *Merchants of Truth* ("Mercadores da Verdade – O Negócio da Notícia e a Luta pelos Fatos"), de Jill Abramson, ex-editora do *New York Times*, que retrata o apuro dos meios de comunicação nos tempos digitais. A mídia – principalmente, a impressa –, agoniza em todo o mundo, e as grandes grifes reciclam-se no afã de sobreviver, enquanto a maioria dos títulos recebe a extrema-unção. Anota Gaspari, que foi um dos brilhantes diretores de redação do país: *A internet mudou a cabeça dos editores, quebrou barreiras na publicidade, impôs a métrica de audiência para as redações e onde se falava em leitor, fala-se em clique. Jornalistas passaram a enfeitar eventos.*

Diante dos novos desafios, os responsáveis pelos veículos adotam os receituários imagináveis e possíveis, embora duvidosos em seus resultados. No meu entender, salvo exceção, os meios impressos aceleram as suas inviabilidades, quando, ao invés de reafirmarem as suas melhores características, tentam mimetizar as redes sociais, incorporando momices estranhas à sua natureza. Quem se mantém fiel a um jornal, o faz pelos motivos curtidos no passado, e não pela peruca de neon que ele passou a ostentar no presente. Recentemente, um prestigiado cronista comentou comigo: "Infelizmente, os editores só leem o Facebook; o grosso das pautas vem dali", corroborando a sintética e acrimoniosa observação de Elio Gaspari acima, que ouso traduzir como macerado lamento. Na lógica contemporânea, não existem mais leitores – apenas cliques –; nem jornalistas – agora, enfeitadores de eventos. Não chego a tanto; jornalistas ainda há, talvez não haja mais é fartura de bom jornalismo, descascado de seus princípios básicos.

Alguns imputam a crise da imprensa brasileira a certo cansaço com o espírito de uma "burguesia iluminista" – no feliz achado de Alfredo Sirkis –, que contamina as principais redações e tende a estandardizar os seus valores, desconsiderando outros anseios. Essas leituras pululuaram, na última eleição presidencial, com a equação desenhada pelo eleitor para o segundo turno, ao arrepio da grande mídia. Uma coisa não tem nada a ver com a outra. Parece claro que a imprensa se acha donatária de um poder transato. É igualmente verdade que muitos segmentos somatizaram rancores de exclusão midiática. De qualquer forma, a equação Bolsonaro versus Haddad foi cunhada por dinâmicas e rejeições inerentes ao processo eleitoral, e não devido ao brado popular contra os meios de informação.

A despeito dos atuais perrengues, as dificuldades da imprensa aparentam ser mais de adequação de modelos do que de total risco existencial. Felizmente, a imprensa não vai acabar. Algumas marcas, efetivamente, abeiram-se do abismo, notadamente, aquelas vinculadas à galáxia de Gutenberg (jornais, revistas, livros etc.). Não necessariamente por falta de serventia, mas por provável escassez de uso no futuro. As novas gerações não manuseiam papel. Nada indica que o farão um dia. Nem as gentes vindouras. Não é com a alegria dos apocalípticos que registro esses agouros. Ao contrário; é com a resignação dos que preferem navegar com astrolábios, olhando nostalgicamente as estrelas que ainda brilham no céu.

13/02/2019

Dois quilos de feijão e Billie Holiday

No musical "Elza", baseado na vida da originalíssima cantora Elza Soares, há uma saborosa passagem representativa da extensão da genialidade de Garrincha.

Consta que, quando o craque a visitou pela primeira vez, ele levou para a cantora dois quilos de feijão e um disco de Billie Holiday, de quem ela nunca ouvira falar até então, embora partilhassem do mesmo ofício. E passaram a noite, quase em silêncio, ouvindo, encantados, a notável intérprete americana.

Por pertencer à família musical distinta e na "lonjura" do Brasil daqueles tempos, não causa espécie que Elza Soares desconhecesse a famosa "Lady Day", já falecida na ocasião. Extravagante é imaginar o singelo Mané familiarizado com a sofisticada obra da diva do jazz, embora fosse um viajado bicampeão mundial de futebol. Em que circunstância Garrincha poderia ter se aproximado do universo melódico de Billie Holiday, fora da remota possibilidade de tê-la ouvido em andanças pelo planeta? À época, o Botafogo – time de Mané – colecionava, entre os seus torcedores, alguns renomados jornalistas esportivos cosmopolitas e cultos, como João Saldanha, Armando Nogueira, Claudio Mello e Souza,

Sandro Moreira e outros. Especulo que o jogador, querendo impressionar e seduzir a grande cantora, pediu uma dica de presente a um dos amigos "gabaritados", e este lhe providenciou o LP de Billie Holiday, que, imagino, tampouco Mané sabia quem era. Suponho que, cabreiro com a sugestão e duvidando da eficácia da prenda, Garrincha acautelou-se e após os dois quilos de feijão, como assinatura, para garantir o êxito dos seus propósitos. Se a bolacha da divina não agradasse, pelo menos, o *phaseolus* certificaria as suas boas e genuínas intenções.

Sejam quaisquer as razões, que mulher conseguiria resistir a tão insólito e incrível pacote de mimos, que só um gênio seria capaz de inventar?

16/02/2019

O "isentão" Gabeira e as tornozeleiras ideológicas

Como diria Nelson Rodrigues, há, no atual circo político, um novo tipo mais discriminado do que leproso em Ben-Hur: o "Isentão", incômodo de quase todos os posicionados politicamente, notadamente dos extremados. Os que têm lado cristalino não o suportam, pois, espelhando-se, acham inadmissível que alguém não o tenha. Amparam-se inconscientemente na antropologia; o *homo sapiens* vive em tribos e em quizílias desde sempre. "O segredo da vitória está em conhecer a si mesmo e a seu inimigo", ensinava o chinês Sun Tzu no século VI antes de Cristo. Por isso, talvez, até intuitivamente, os guerreiros litigantes das narrativas vigentes preferem lidar com os antagonistas explícitos, e não com aqueles independentes e indômitos que se movimentam fora das caixinhas. No enfrentamento pela hegemonia, é mais fácil espargir rotulações e esgrimir estigmas do que sedimentar argumentos. Isto não é novo; apenas se agravou com a suruba digital. A maioria das pessoas tem baixos índices de informação e de discernimento, e tende a se tornar suscetível a assombrações, reais ou imaginárias. A luta política trava-se, comumente, em ambiente de inteligências rasas e de cacofonias encrespadas.

Por não validar os receituários dos *kits* doutrinários e oferecer a possibilidade de novas compreensões – embora não necessariamente mais corretas e melhores –, o "Isentão" é percebido com estranhamento por aqueles incapazes de assimilar inovações e pelos acondicionados às comunhões pretéritas. Para estes, o "Isentão" é um desnaturado insubmisso ao simplismo das palavras de ordem e das *hashtags* que enevoam as reflexões e que animam as macacas progressistas e retrógadas do auditório da política. Do ponto de vista dessa gente, o ominoso não é o alheio, o desinformado, o ignorante e o apolítico, e, sim, aquele que tenta protagonizar nos processos sem arrastar vistosas tornozeleiras ideológicas. É óbvio que a atividade da grande política e o fortalecimento democrático devem e necessitam ser estimulados. O que não dá é bater palminhas para os faniquitos de intolerância da militância de várzea nem se entusiasmar com os projetos autoritários de qualquer matiz.

Depois de mais de 50 anos identificado com as esquerdas, o excelente formulador e jornalista Fernando Gabeira passou a ser tratado por elas pela pecha de "Isentão". Desde que regressou do exílio – já reciclado – Gabeira busca, como político e intelectual, recolorir a paisagem e propagar as agendas contemporâneas. Há tempos, libertou-se dos dogmas caducos e, recentemente, se resguardou em relação às exacerbações e às urgências revolucionárias das pautas identitárias, que ele sempre defendeu, mas que, exploradas espertamente por seus adversários, contribuíram para otimizar a vitória de Bolsonaro. Por estar mais velho e pensar dialeticamente ou por ter sido um carbonário, Gabeira entende ser melhor assegurar os avanços, paulatinamente, do que amargar reveses, pela irresponsabilidade das boutiques radicais, sobretudo em um país atrasado como o nosso. Por sua clarividência, lorpas e pascácios – retornando a Nelson Rodrigues – tascam-lhe o apodo de "Isentão", em um esforço de emoldurá-lo às pobres lógicas minimalistas que sobejam na política brasileira.

Isto aqui não tem jeito.

21/02/2019

O general é o maior problema do capitão

O "poeta metálico" americano Carl Solomon – a quem Allen Ginsberg dedicou a sua obra "Howl" –, ao lhe perguntarem se ele se posicionava à esquerda politicamente, costumava responder, sardonicamente, recorrendo ao que dizia um amigo de infância: "Depende de quem esteja comigo". O general Hamilton Mourão, vice-presidente da República, poderia tropicalizar a sentença, considerando o seu entorno disforme e a fragilidade da memória nacional.

O general Mourão converteu-se no novo queridinho da mídia carnívora e da oposição irresignável, ao fazer arrazoados e banais contrapontos aos rompantes e furores desazados do presidente Bolsonaro e dos demais Cavaleiros do Apocalipse, que se multiplicam pelas facetas familiar (Flávio, Carlos e Eduardo) e governamental (Damares, Ernesto, Ricardo etc.). Surfando nas circunstâncias e interpretando o processo histórico que sobreveio com as eleições, Hamilton Mourão não se preocupa em camuflar a patente militar, que despertava, até há pouco, a desconfiança de parcelas majoritárias da sociedade brasileira. Ao contrário, a prefere – pela identificação com a ordem almejada – ao portátil título de vice-presidente da República. Para animar eventuais quimeras, ele é general de Exército; da reserva, todavia general 2.0, consentâneo com as agendas deste século interativo e holístico, ao avesso do seu primitivo superior. O diploma de vice lhe serve para não esquecermos de que ele está logo ali, prontinho, para nos salvar de uma ocasional calamidade.

Não tenho conhecimento sequer raso sobre o atual papel e as intenções dos militares brasileiros. Não os identifico, porém, com a ditadura militar de 1964. Os tempos são outros. Por isso, não demonizo nem me assusto com a expansão deles no governo Bolsonaro. Ademais, pela legitimidade da sua vitória, o presidente tem direito de escolher quem quiser. Pelo menos, até impressão inversa, atino que os militares tendem a atuar dentro dos limites constitucionais. Como a muitos, apavora-me mais a desqualificação do próprio presidente e de vários dos seus sabujos civis. Quanto ao presidente, nenhuma novidade. Imagino que grande quantidade de leitores votou nele ciente de seus acanhamentos gerencial e cognitivo. Gente que se posicionou contra práticas e simbolismos condenáveis, então, vigentes. Outra fração – pela emergência de uma direita, agora, desavergonhada – inflamou-se com a disputa entre as estéreis narrativas ideológicas. Como os da minha laia, não votei em Bolsonaro. Divergimos, integralmente, na visão de mundo e no âmbito dos valores contemporâneos, e, sobretudo, acho-o despreparado para ofício tão reputado. Torço, contudo, com baixíssima expectativa, pelo sucesso de sua administração e pelo desenvolvimento econômico e social do país, pois vivo aqui e não sou miliciano da luta política. Mais quatro anos de desgoverno seria muito tempo de fracassos e de decepções contínuos.

Apesar de ter pautado algumas reformas importantes, pelas mãos de Paulo Guedes e de Sergio Moro, o presidente Bolsonaro não alumia o horizonte com as insuficiências pessoais e o comportamento incivilizado, que se potencializam pelos reparos de bom senso do general Mourão. O entulho de bobagens produzido por Bolsonaro e auxiliares, nestes primeiros momentos, já é espantoso, mas se agiganta pela instrumentalização que a grande imprensa faz dos artísticos contrastes retocados pelo vice indemissível. Na verdade, o general até pode estar bem-intencionado, aparando excessos para o governo seguir em frente, ou sinalizando para a população que existe alternativa democrática responsável e confiável. No manual de um vice-presidente ideal – à la Marco Maciel – no entanto, o expansivo Hamilton Mourão não perfila. Pelo alto teor de mesquinharia na natureza humana, é improvável que o presidente esteja satisfeito com a desenvoltura do seu saliente vice, anabolizada por mídia dissonante e segmentos perplexos. Sob esta ótica, o general tornou-se o maior problema para um presidente que é mestre em criá-los.

07/03/2019

Exercício de admiração
– Clint Eastwood

Dos filmes candidatos ao Oscar deste ano, só assisti, na TV, o digestivo "Pantera Negra". Não posso qualificar os outros. Não sei, portanto, a razão de "A Mula", de Clint Eastwood, ter sido excluído da disputa de algumas estatuetas. "A Mula" é filme diferenciado, com roteiro afinadíssimo de Nick Schenk. Excelente, contudo, faz-se a interpretação do diretor-ator na pelanca do nonagenário Earl Stone – uma das melhores de sua longeva carreira. Em close nos momentos dramáticos, os semblantes e olhares esparramam a gravidade exigida pelas circunstâncias e as avivam. Nos planos abertos, o seu caricatural velho corpanzil, de 1,93m e com suave escoliose, humaniza os acontecimentos, conferindo naturalidade a situações inverossímeis ou singulares, como na singela cena em que ele dança "parado" em um clube de veteranos de guerra. Tudo acentuado por chispas de humor inteligente em diálogos primorosos, com ênfase nos dissabores da senioridade, na crítica ao atropelo tecnológico e no resgate dos predicados familiares.

Na estrada, como ator, desde o fim dos anos 50, Clint (Clinton na certidão de nascimento, tal o pai) custou a se avultar no ofício, tornando-se conhecido somente ao protagonizar, na década de 1960, a trilogia de faroestes dirigida pelo ótimo Sergio Leone, que culminou com o clássico "Três homens em conflito". Na ocasião, de fato, Clint não era ainda um bom ator, a ponto de Leone galhofar: "Eu gosto de Clint porque ele tem apenas duas expressões faciais; uma com chapéu e outra sem ele". Seu jeito árido e valentão emprestou vigor também ao inspetor policial Dirty Harry em uma série de películas bem-sucedidas. Apesar de suas limitações, muitos dos seus filmes fizeram sucesso, talvez mais por compatibilidade do público com os personagens indômitos do que em reconhecimento ao seu portento artístico, como aconteceu em "Fuga de Alcatraz", de Don Siegel, em 1979, quando a carreira de Clint, como intérprete, já completara cerca de 20 anos. Difícil precisar quando se agigantou o patamar interpretativo de Clint Eastwood. O certo é que, na primeira metade da década de 1990, filmes como "Os Imperdoáveis", "Na Linha de Fogo" e "As pontes de Madison" consagraram um estágio elevado de representação, que se manteve crescente. Neste século, os papéis desenvolvidos em "Menina de Ouro" e "Gran Torino" consolidaram-no como grande ator. E Earl Stone, em "A Mula", provavelmente seja o seu pináculo. Embora tenha concorrido ao Oscar de melhor ator com os filmes "Os Imperdoáveis" e "Menina de Ouro", Clint Eastwood jamais venceu nesta divisão.

Se como ator, Clint Eastwood não desfruta de unanimidade, enquanto diretor, inexistem dúvidas. O primeiro filme dirigido por ele foi "Perversa Paixão", em 1971. O reconhecimento só chegaria, porém, em 1989, com "Bird", filme narrativo da trajetória tormentosa do saxofonista Charlie Parker, que lhe rendeu o primeiro Globo de Ouro como melhor diretor. Clint igualmente é músico. Antes de ser ator, era pianista de um bar em Oakland, perto da sua San Francisco natal. E o universo musical sempre esteve presente em sua obra. Além de "Bird", Clint dirigiu e atuou em "Honkytonk Man", história de um cantor caipira, dirigiu o documentário "Piano Blue", com Ray Charles, Dave Brubeck etc., e produziu um documentário sobre o genial Thelonious Monk. A partir dos anos 90, glórias e premiações enfileiraram-se. Ganhou quatro Oscar; dois com "Os Imperdoáveis" (melhor direção e melhor filme) e repetiu a dobrada com "Menina de Ouro". Amealhou também quatro Globo de Ouro; três como melhor diretor ("Bird", "Os Imperdoáveis" e "Menina de Ouro") e um na categoria de melhor filme de língua estrangeira (Carta de Iwo Jima). Com "Sobre Meninos e Lobos", "Menina de Ouro" e "Gran Torino", embolsou, na França, três prêmios César como melhor filme estrangeiro. Diversas são as temáticas iluminadas nos filmes de Clint Eastwood. Ora, ele parte para retratar passagens de personagens ou de fatos épicos, como "Bird", "A Conquista da Honra", "Invictus", "J. Edgar", "Sully" e "Sniper Americano". Ora, a abordagem é sobre a vivência comezinha do americano médio, espremido entre referências afins, suas vidinhas de nada e o fantasma de um país que encaminha todas as gerações para alguma guerra, como espelham "Gran Torino" e "A Mula".

Gostei de Clint Eastwood desde os faroestes dirigidos por Sergio Leoni. Nunca deixei de acompanhar o seu trabalho. Como muitos, reverencio mais o diretor do que o ator. Recentemente, a bíblia do cinema mundial, a revista francesa "Cahiers du Cinéma", dedicou-lhe matéria de capa, tratando-o, merecidamente, como "uma das maiores figuras do cinema americano contemporâneo"; sentença que avalizo entusiasticamente. Simpatizo-me muito também com a pessoa. Imagino-o tranquilão, na dele, sem estrelismos e faniquitos; tipo de gente educada que me cativa naturalmente.

Em tempo, Clint Eastwood filiou-se ao Partido Republicano, em 1951, no auge do macartismo. De 1986 a 1988, foi prefeito da pequena e litorânea Carmel, cidade que visitei apenas por essa referência. E, aos 88 anos, se mantém filiado e militante até hoje. E daí?

20/03/2019

Os black blocs do MP e do Judiciário

Dificilmente Michel Temer continuará na cadeia por muito tempo[1]. A reação à sua prisão, determinada pelo juiz Marcelo Bretas, tem sido substanciosa, inclusive por parte de pessoas que o desadoram. Não por evidência cristalina de sua inocência em dez inquéritos gestados. Longe disso. Mas, pela aparente falta de sensatez e de substância nos arrazoados que sustentam a estapafúrdia custódia do ex-presidente. A grande mídia trombeteou o esperneio dos seus "especialistas". E há "especialistas" para qualquer assunto, sempre dispostos a respaldar e a ecoar, como ventríloquos, as opiniões dos próprios veículos de comunicação. *O Estadão* manifestou-se também em editorial, com o incisivo título "O Estado de Direito agredido". O matutino paulista procura se destacar na luta contra os eventuais despropósitos do Ministério Público e do Judiciário. Vários antagonistas de Temer, criticando-o ou salvaguardando as diferenças, somaram-se à

---

[1] Michel Temer foi solto no dia seguinte, por decisão do desembargador Antonio Ivan Athié.

repulsa ao seu confinamento. Diante dos inúmeros e variegados repúdios e, principalmente, da fragilidade dos argumentos alicerçadores do encarceramento, parece improvável que ele – sequer acusado formalmente em algum processo – não seja liberto brevemente por instância judicial superior, o que, inevitavelmente, acarretará desgaste para os promotores da sua precipitada e midiática reclusão.

Há de se esperar ainda as consequências globais da detenção de Michel Temer, que tem dinamismo para se transformar, por efeito bumerangue, em um dano desmesurado para a Operação Lava Jato e seus filhotes, que, com o apoio majoritário da sociedade, vêm higienizando o epidêmico ambiente de corrupção do país. Muitas forças molestadas passaram a agir contra a salutar Lava Jato e encontram nos ocasionais vacilos dos agentes públicos pretextos para seus posicionamentos. Por sua relevância e pela potência dos adversários, a Lava Jato não pode se dar ao luxo de se auto enfraquecer por equívocos de seus black blocs.

Salvo rotundo engano, pelas circunstâncias em que se deu, nada parece justificar, no momento, a prisão de Michel Temer. E pior; a sua espetacularização, com o ex-presidente sendo detido no meio da rua, cercado por armas, em ação constrangedora totalmente desnecessária. Esse prematuro movimento poderá custar caríssimo à Lava Jato, possibilitando retaliações das brigadas já hostis e agregando animosidade e desconfiança de gente solidária à operação, que se pauta, todavia, estritamente, pelos ritos legais. O episódio, provavelmente, provocará desdobramentos desfavoráveis – e justificáveis – contra a Lava Jato no Congresso, a ponto de ter conseguido unir o PSDB e o PT em sua condenação. Avivar-se-ão os rascunhos que tratam de abusos de autoridades. E o projeto anticrime do ministro Sergio Moro deverá ser apreciado mais pela ótica pragmática dos parlamentares do que por suas imperativas razões. As possíveis reações não visarão salvar Temer – hoje, um político impopular e execrado, com um suposto futuro precificado e tenebroso. Elas objetivarão aparar as asas de um poder real (Judiciário) e de uma pretensão mimética de emponderamento (MP) que passaram a assombrar, desmedidamente, os demais.

Torna-se redundante se falar das virtudes e da necessidade da Operação Lava Jato. Como em qualquer ecossistema, a diversidade é grande na composição do seu plantel humano e de suas idiossincrasias. Há os renovadores com genuínos anseios de justiça. Há os oportunistas que a colocam como arrimo de suas ambições, justas ou não. Há os que a usam para engomar os seus ternos e togas com o amido da vaidade. E há os missionários, os sanitaristas, os possuídos pelo espírito de redenção. Estes são os piores, por acharem que os fins justificam os meios. De qualquer forma, hoje, ao que parece, os principais inimigos da Lava Jato encontram-se albergados dentro dela.

24/03/2019

Exercício de admiração – Jorge Ben

O álbum "Acústico MTV" (CD e DVD), de Jorge Ben, evidencia-se como um dos iluminados momentos da afortunada música brasileira. Gravado em 2002, o cantor e compositor fez-se acompanhar, em partes distintas, pela Banda do Zé Pretinho e a precedente Admiral Jorge V – esta formada por alguns talentos que viriam a integrar o conjunto A Cor do Som, como Dadi Carvalho e Gustavo Schroeter –, além de outros músicos notáveis. Com 21 sucessos, a obra é a síntese da fértil produção deste genial, incrível e um dos mais originais artistas pátrios. A interpretação de "Jorge da Capadócia" paraleliza-se a grandes performances mundiais. A canção, por si só, é uma beleza e se agiganta com o magnífico arranjo que sublinha as cordas elegantes – notadamente, os violinos –, o saboroso backing vocal dos irmãos Corrêa dos Golden Boys e o solo no violão de sete cordas do próprio Babulina. A letra é um achado: "...Eu estou vestido com as roupas e as armas de Jorge/ Para que meus inimigos tenham pés, não me alcancem...Perseverança ganhou do sórdido fingimento/ E disso tudo nasceu o amor...Ogan toca pra Ogum...".

Em 1963, quando criança, apresentado pelo meu eterno cunhado, ouvi o primeiro compacto de Jorge Ben, com as músicas "Por causa de você menina" e "Mas que nada", que, curiosamente, viria a se transformar na sua referência internacional, gravada, inicialmente, por Sérgio Mendes e, depois, interpretada por Ella Fitzgerald, Dizzy Gillespie, Al Jarreau, José Feliciano, Trini Lopez, Black Eyed Peas, Coldplay e outros. O disquinho estrondou e inseriu no panorama musical brasileiro – dominado, então, pelo samba e a bossa nova e às portas da jovem guarda – uma espécie de ET, com ritmo singular e batida de violão inaugural, como suportes de letras singelas e nonsense. No mesmo ano, saiu o long play "Samba Esquema Novo", com hits como "Balança Pema" e "Chove Chuva", além das duas canções do compacto. Jorge Ben, todavia, somente viria a se consolidar expoente da MBP, no fim da década de 1960, com o LP homônimo, uma verdadeira Tiffany que ostentava joias raras como "Crioula", "Domingas", "Cadê Tereza", "Barbarella", "País Tropical", "Take it Easy my Brother Charles", "Descobri que Eu Sou um Anjo", "Bebete Vãobora", "Quem Foi que Roubou a Sopeira de Porcelana Chinesa que a Vovó Ganhou da Baronesa?", "Que Pena" e "Charles Anjo 45". "... Mas que nada/ Sai da minha frente/ Eu quero passar/ Pois o samba está animado/ O que eu quero é sambar...".

Nos anos 70, já consagrado, Jorge Ben compôs as celebrativas "Fio Maravilha" e "País Tropical" e se aprofundou em um ambiente esotérico e místico, com os álbuns "A Tábua de Esmeralda" e "Solta o Pavão", que incubaram fascinantes bruxedos como "Os Alquimistas Estão Chegando" e "Jorge da Capadócia". Em 1989, Jorge Ben, nascido Jorge Duílio Lima Menezes, filho do estivador e pandeirista Augusto Menezes e da etíope Silvia Saint Ben Lima, carioca de Madureira criado no Rio Comprido, adota Jorge Benjor como nome artístico, imediatamente trocado pelo atual Jorge Ben Jor, aparentemente – já que intensificara carreira no exterior – para se distinguir do músico americano George Benson. Não sei se por ele ter sido uma das minhas paixões da infância, porém o fato é que, para mim, nunca deixará de ser apenas Jorge Ben, o único em todos os sentidos. Mó num pa tropí/ Abençoá por Dê/ E boní por naturê (mas que belê)/ Em feverê (em feverê)/ Tem carná (tem carná)/ Eu tenho um fu e um viô/ Sou Flamê/ Tê uma nê/ Chamá Terê/ Sou Flamê/ Tê uma nê/ Chamá Terê/ Sou Fla Fla/ Ela é nê nê.

Da década de 90 em diante, o inconfundível, extraordinário e dançante sambalanço ganhou adornos pop, com a incorporação mais acentuada das guitarras elétricas, sem deslustrar a riqueza das características bases percussivas e metálicas que carimbam o seu distinto trabalho. "W/Brasil (Chama o Síndico)" foi o marco desta passagem. Jorge Ben mostra-se um compositor fecundo, autor de mais de 300 composições e de pouquíssimas parcerias, sendo, talvez, a mais bem-sucedida com Toquinho na obra-prima "Que Maravilha". Felizmente, alheio a modismos e animador de um universo particular, suas letras pessoais, narrativas, herméticas, surrealistas e, às vezes, naïf não seguem bulas nem fazem concessões. Elas estão a serviço de uma riqueza musical ímpar, que fez a revista especializada Rolling Stone Brasil, em 2008, considerá-lo o quinto maior artista da história da música brasileira. Com mais de 55 anos de uma trajetória profissional gloriosa, Jorge Ben continua a nos arrebatar com a inebriante pulsação dos seus admiráveis standards. No mais, ele parece ser muito gente boa, carismático, aquele tipo de cara que merece comer as partes escuras da carne do frango no almoço dominical familiar. E é de "Jorges Bens" que eu alimento o meu espírito e a minha mansidão. "Take it easy my brother Charlie/ Take it easy meu irmão de cor/ Take it easy my brother Charlie/ Take it easy meu irmão de cor/ Pois a rosa é uma flor/ A rosa é uma dor/ A rosa é um nome de mulher/ Rosa é a flor da simpatia/ É a flor escolhida no dia/ Do primeiro encontro do nosso dia/ Com a vida querida/ Com a vida mais garrida/ Take it easy Charlie...".

Salve, Jorge!

06/04/2019

A Notre-Dame e o nosso Museu Nacional

O incêndio na catedral de Notre-Dame tem estimulado analogias e dessemelhanças com a dizimadora combustão do Museu Nacional carioca. Na verdade, porém, o espaço para paralelos entre os dois episódios é muito exíguo. De comum, a selvageria e a insubmissão das labaredas.

Notre-Dame é mais do que uma alegoria do catolicismo. Assim como o nosso Cristo Redentor, Notre-Dame é ícone de uma cidade e símbolo de um país.

As vultosas doações privadas e públicas para financiar a regeneração da catedral nos constrange em comparação às miradas ofertas que foram destinadas à ressurreição do nosso querido e importantíssimo museu. Nada de novo aí. O Brasil nunca teve a tradição da filantropia e do mecenato, como os Estados Unidos e parte substantiva das nações desenvolvidas europeias. Nem o hábito da manutenção. Pior; aqui o costume é o da descontinuidade, do arrasamento. Se algum governo chancela uma excelente iniciativa, os posteriores irão abandoná-la ou destruí-la. Praticamente, sem exceção. Em geral, somos governados por gente despreparada, inculta, míope, mesquinha, rapinante e sem qualquer espírito público. Com esse tipo de casta política, inexistem estímulos às contribuições privadas, sobretudo para bancar projetos longevos. Haverá sempre a suspeição de que os recursos serão desviados pela canalha da política. E há também as interdições no redutor campo ideológico, que agravam a situação. Como imaginar um capitalista pátrio animado em botar dinheiro, no caso específico, nas mãos dos psolistas que, por ora, ainda comandam o museu, em um momento de acirramento nas divergências ideológicas? Além de não termos uma natural cultura de doação, o nosso ambiente político desencoraja e serve de pretexto à inação da maioria do empresariado nacional, que, a rigor, nem precisaria desse artifício para perpetuar o seu espírito cumulativo e antissocial. Desculpas, todavia, esta gente endinheirada tem. Quem botaria grana nas mãos dos nossos políticos para animar algum propósito público? Só se for por "pilantropia", como costumamos ver abundantemente.

O presidente da França, Emmanuel Macron, otimista, estima que a catedral de Notre-Dame estará recuperada em cinco anos. Outros – talvez, mais realistas – preveem prazos elásticos; de dez a 15 anos. Dentro dessas perspectivas, imagino que eu possa voltar lá um dia, para contemplar a sua histórica grandeza novamente, embora me encante mais pela sua vizinha Sainte-Chapelle. Quanto ao Museu Nacional, prevejo, infelizmente, que jamais o verei. Ficará na minha memória o alumbramento da primeira vez que vim ao Rio em uma excursão escolar, aos 10 anos, e o visitei. De lá, saí um menino povoado de múmias, meteoritos e dinossauros. Nada que me assustasse; apenas os naturalizei ao meu esplêndido e eterno mundo infantil.

17/04/2019

Ruínas e lupanares

Desempolgado com o desmoronamento público-governamental brasileiro e com a bestialidade que infecciona a nossa sociedade, parti em busca de outras ruínas; as civilizatórias. Animado pelo extraordinário livro *SPQR*, da classicista inglesa Mary Beard, visitei recentemente sítios arqueológicos na Itália, mais precisamente na Sicília e nas franjas do Vesúvio. Interessavam-me particularmente a presença grega embrechada na Sicília, os assombros de Pompeia e o refúgio, em Capri, do imperador Tibério, sucessor do padrasto Augusto e antecessor do sobrinho Calígula, e em cujo reinado Cristo fora crucificado. Considerado pelo historiador e naturalista Plínio, o Velho, "o mais triste dos homens", Tibério governou de 14 d.C. até morrer em 37 d.C., tendo passado os últimos 10 anos de vida, praticamente, na residência imperial no cocuruto da ilha de Capri. Lá, empurrava desafetos de terrificante penhasco, que hoje batiza, e nadava com os seus "peixinhos", como ele, candidamente, definia os efebos que o maravilhavam. À época, era comum gregos e romanos destacados divertirem-se com os seus cardumes de mancebos.

As pedras de Pompeia, porém, fizeram-se altiloquentes. Pela dimensão e representação, poucas coisas exibem-se com tamanha relevância história. A cidade, que fora incorporada à República Romana em 89 a.C. e solapada por um terremoto em 62 d.C., sucumbiu às golfadas ardentes e às lágrimas de fogo do vulcão Vesúvio em 79 d.C., tal qual a vizinha Herculano. Ambas ficaram soterradas por cerca de 1600 anos, e foram "achadas" acidentalmente. Impressionante quanto o bom estado da sua preservação, como se tivesse sido congelada no tempo – estima-se que "protegida" pela massa orgânica das lavas –, é a presença de inúmeros marcos eróticos em Pompeia. Embora a maioria das edificações tenham virado destroços obviamente, é possível ver ruas largas, residências, artefatos, ânforas de bebidas, ambientes comerciais e governamentais, anfiteatro (onde o Pink Floyd se apresentou, em 1972), fontes de água, casas de banho, afrescos, estátuas, corpos "petrificados" etc., que desenham e iluminam, cabalmente, o modo de vida do lugar. As referências lascivas democratizam-se e transpassam os prostíbulos. A menos de 20 metros da enorme casa de Sirico, rico comerciante local, permanecem quase intactos as alcovas e os afrescos sugestivos de um lupanar. Em geral, as prostitutas eram escravas gregas e orientais, e ganhavam pelos serviços o equivalente de duas a oito vezes o preço de uma taça de vinho. Na frente da casa de Sirico, resiste gravada no chão a inscrição em latim "Salve lucru" (Bem-vindo, lucro). Na também riquíssima e famosa mansão dos irmãos Vettii, que se encontrava sob os auspícios do deus Priapo, esplandece uma imagem do protetor com o seu imenso falo à la Kid Bengala. Na denominada casa de Vênus, revela-se um desenho da deusa grega desabrochando nuazinha de sua concha, para a alegria de dois querubins, ornada apenas com tiara, colar, pulseira e correntinhas nos tornozelos; bem mais assanhada do que a recatada Vênus de Botticelli. Há ainda Leda, rainha de Esparta, seminua, sendo acariciada por um libidinoso cisne, que os especialistas juram se tratar de Zeus disfarçado, em uma de suas estripulias sexuais. No retrato lúbrico de Pompeia desfilavam, em espaços públicos, à vista de todos, Apolo, Afrodite, faunos, bacantes, hermafroditas e alados sexualizados. Em Pompeia, a sexualidade encontrava-se, digamos, à mesa, longe da clandestinidade que muitos a confinam. A sólida vitalidade grega em Pompeia não diz respeito somente ao passado constitutivo da urbe. Segundo os arqueólogos, ela melhor se explica pelo desejo dos cidadãos abonados de demonstrar prestígio social, ao abraçar as tradições gregas que tanto influenciaram, culturalmente, os romanos. Parte significativa da paisagem erótica de Pompeia abriga-se no Museu Arqueológico Nacional de Nápoles há mais de dois séculos. Em 1819, o então rei Francisco I visitou, com a mulher e as filhas, a exposição de Pompeia no museu napolitano, e ficou tão melindrado que mandou enclausurar a parte erótica em gabinete secreto. Depois de marchas e contramarchas, finalmente, em 2000, ela foi reaberta para visitação pública. Menores, no entanto, só podem vê-la na companhia de responsável ou com autorização por escrito.

Na Sicília, que sofreu diversas invasões e esteve sob muitos domínios (fenícios, ostrogodos, bizantinos, árabes, normandos, espanhóis etc.), a ascendência grega, talvez, se faça mais expressiva ainda. Durante os séculos VI e V a.C., as cidades helênicas da ilha, que compunham a Magna Grécia, perfilavam-se com Atenas em importância, conforme atestam as suas ruínas. Sob a proximidade prudente do vaporoso vulcão Etna, o espetacular teatro greco-romano da elegante Taormina é um dos monumentos mais apreciados do mundo. A cidade-estado de Siracusa, que também ostenta anfiteatro referente, foi símbolo da expansão helênica. Lá, nasceu e morreu o matemático Arquimedes, o seu mais ilustre cidadão. Já Agrigento, terra do filósofo pré-socrático Empédocles, aguarita o Vale dos Templos, um dos maiores conjuntos de construções gregas fora da Grécia, que reúne santuários dóricos dedicados, entre outros, a Hefesto (Vulcano), a Zeus (Júpiter), a Hércules e a Hera (Juno), este com as colunas bem preservadas. A gigantesca figura de bronze de Ícaro prostrada no solo das imediações do Templo de Hércules impacta e evoca a alegoria da Estátua da Liberdade no filme "Planeta dos Macacos".

Nem tudo de magnífico nessas plagas italianas tem a assinatura grega. O Duomo de Monreale, obra normanda de 1172, não se intimida perante qualquer similar da Terra. Particularmente, de chofre, não lembro de nenhum tão imponente que eu tenha conhecido. O "Cristo Pantocrator" e os mosaicos que retratam cenas do Velho Testamento são, literalmente, divinos. Em Palermo, a Capela Palatina, de estilo bizantino, islâmico e normando é dedicada a São Pedro, embasbaca e inspira similitudes colossais. Basta procurar no Google para se certificar do deslumbre. Surpreendentes igualmente são os conservadíssimos mosaicos encontrados na residência rural conhecida como Villa Romana del Casale, consagrada Patrimônio Mundial da Humanidade pela UNESCO, na cidade de Piazza Armerina. A mais instigante estampa é conhecida como "Donzelas em biquini", onde dez jovens praticam alguns esportes, inclusive com bola, em trajes sumários que lembram os nossos atuais biquinis. As moças valem conferida no Google.

Apesar do incremento turístico, o sul da Itália continua uma região, majoritariamente, atrasada, um cenário árido retratado no magistral filme "O Poderoso Chefão" e habitado por gente matuta que parece curtida em ancestralidades. O influxo católico mantém-se inconteste. E o fluir de tudo é lento e módico, sob a ambiência de um passado ressuscitado que se transveste, constantemente, em presente e futuro, para a felicidade da raça humana. Estamos vivenciando tempos ruinosos no Brasil. As nossas ruínas, metafóricas ou não, são as da degradação, da desesperança e do aniquilamento. As deles são as dos sóis da história.

07/05/2019

Na Itália, comida boa é a desafetada

Durante dois anos – de dezembro de 2015 a dezembro de 2017 –, escrevi crônicas gastronômicas para *O Globo*, sob o pseudônimo de Pedro Henriques. Com exceção do diretor de redação do diário à época, o jornalista Ascânio Seleme, ninguém sabia quem era o "personagem", nem dentro do jornal nem nos meus âmbitos pessoais (familiares e amigos) e muito menos nos salões e nas cozinhas dos restaurantes. Priorizei abordar tendências, limitações, conceitos, mistificações e messianismos que permeiam o universo opsofágico. Algumas vezes usava o espaço para tratar, *en passant*, de outros ingredientes culturais (cinema, artes plásticas, música etc.). Tacitamente, depreendia que escrutinar as casas de repastos cabia a talentosa Luciana Fróes, que cumpre este papel no jornal, com competência, há calóricas primaveras. Posteriormente, quando a colaboração com o matutino se encerrou, o lote de artigos reuniu-se no livro *O menino que comia foie gras*, editado pela Topbooks.

Desfulanizando e sumarizando, entendo que, a despeito da qualidade de inúmeros dos nossos chefs, cozinheiros e maîtres, temos uma cozinha, embora em ascensão, restrita pela carência de insumos e pelo amadorismo dos serviços. Quando viajo para as bandas certificadas gastronomicamente (França, Itália, Portugal, Espanha etc.), reafirmo essas impressões. Comida é, prioritariamente, matéria-prima, matéria-prima e matéria-prima. Depois, vêm escolas, técnicas, tradições, talentos e teimosias. É mais fácil um cozinheiro amador fazer bom prato com gêneros de primeira do que um renomado chef alquimiando xepas de quinta.

Recentemente, estive na Itália em viagem atípica para mim, com o foco na estupenda arqueologia local, conforme abordei em post anterior. Desaprecio o turismo-canguru, aquele em que se fica pulando de lugar quase diariamente. Não havia, porém, outra maneira de fazer o roteiro traçado. Felizmente, valeu bastante a pena. Longe do circuito dos restaurantes cultuados de Roma, Milão e Florença, fiz bons rangos em recintos despretensiosos, pela abundância de excelentes matérias-primas. Fiquei mais em ilhas (Sicília e Capri) do que no continente (Nápoles e Costa Amalfitana), privilegiando acertadamente os generosos mimos de Netuno. A paisagem siciliana é tingida pelo amarelo do famoso limão nativo, que convive harmoniosamente com as pinceladas verdes das oliveiras e das parreiras. Não se vê gados e aves comestíveis. Ocasionalmente, cruza-se com uma ou outra ovelha triste nas estradas vicinais. E, na refinada Capri, também adereçada pelos limões sicilianos, cultiva-se uma riqueza de víveres que brotam daqueles mares lisérgicos. Os melhores bocados, portanto, originam-se nas águas, que, além de férteis na região, são lindas, com todas as tonalidades pulsantes de azul e verde. Às vezes em que me aventurei por carnes de gado ou de caprino não salivei, mesmo em ambientes gabolas. É óbvio que as massas merecem um capítulo à parte.

Os restaurantes italianos sugerem rito diferente do nosso à mesa. Aqui, seguimos a norma francesa – entrada, prato e sobremesa. Lá, eles oferecem entrada, primeiro prato (geralmente, massas), segundo prato (carnes ou frutos do mar) e sobremesa. Para nós, é um exagero. De uns anos para cá, diversos restaurantes afinados passaram a sugerir outra fração de opções, com coisas cruas oceânicas; os "crudos". Desconheço a gênese dessa voga italiana, que identifiquei há quatro anos no *La Rosseta* e no *Pierluigi* em Roma, no entanto a associo à influência da culinária japonesa. Comumente, esses crus sensibilizam os paladares, principalmente, o gambero rosso (tipo de camarão avermelhado) e o espadarte (espécie de marlin), o peixe valorizado daquelas orlas. Os mariscos (vôngoles, mexilhões etc.) igualmente fazem bonito, sozinhos ou acolitados pelas massas. As anchovas nativas acariciam as papilas, distinguindo-se daquelas excessivamente salgadas que aportam por aqui. (Parêntese: geralmente, as refeições, no Brasil, carregam mais sal do que a média global). As anchovas deitadinhas sobre nacos de pão, à la bruschetta, tornaram-se uma das minhas entradas favoritas. Sem grande expectativa, flanei por poucos restaurantes conceituados – Regina Lucia, em *Siracusa*, *La Capinera*, em *Taor-*

mina, *Mammà*, em *Capri*, e *L'Ottava Nota*, em Palermo. Todos bons, mas terrenos. E conheci o badalado Aurora, em Capri, cuja clientela vip reúne Valentino, Spilberg, Cristiano Ronaldo, Beyoncé, Anne Hathaway e outros bípedes símiles. Refeitório apenas de correção burocrática, como costuma ser nos ranchos onde a autopromoção impera. Há décadas, Capri caracteriza-se como entreposto do jet set, se é que ainda se usa esta expressão, com preços insolentes em qualquer praça. Esteticamente, dois restaurantes sobressaíram-se. Em Capri, o "Da Paulino", onde as mesas ambientam-se entre os onipresentes limoeiros, em um formoso buquê. Realmente de beleza infrequente – e difícil de descrever –, contudo, é o gigantesco "O Parrucchiano", em Sorrento, composto por vários salões distribuídos em camadas, inclusive um externo. O cenário de elegância "viscontiana" exibe-se cinematográfico, porém abriga comezaina só mediana.

Conceitualmente, acho que as culinárias italiana e portuguesa – ao contrário da francesa e da espanhola – não têm ganhos eloquentes com a sofisticação. Na Itália, como regra, não há significativa diferença entre se manjar em templo estrelado ou em *trattoria* de respeito. Inexistem vantagens nitidamente perceptivas. Na França, esta distância seria abissal. Uma virtuosa pasta, com ingredientes avivados e a custos civilizados, não fica a dever a um caro prato maculado por impulsos modernosos e afetações. Ou seja, o que vale a pena mesmo é o convencional. De 10 a 15 euros, come-se massas admiráveis. Não há erro nos "espaguetes ao vôngole" ou à carbonara, nos "linguines com lagostins" e nas "pacherris com lulas" ou alcachofras. Por sua vez, as pizzas mostram-se irregulares. Na terra delas – Nápoles –, entretanto, provei algumas na histórica pizzaria "Gino Sorbillo", que me imprimiram a sensação de ineditismo, como se eu nunca tivesse comido nada igual antes. A "família Sorbillo" está no ramo desde 1935, quando o casal Luigi e Carolina fundaram o primeiro estabelecimento na Via dei Tribunali. Tiveram 21 filhos, todos pizzaiolos ligados ao negócio, que, hoje, se expande, por Milão e Nova York. Neto dos fundadores, o pizzaiolo Gino, pelo enorme dom, herdou o direito de comandar a matriz. Sua obsessão pela qualidade das mercadorias é notável. Tudo é de primeira. A farinha 00, mais refinada e pura, vem de produção biológica, assim como outros ingredientes, que são certificados. A totalidade dos produtos ostenta pedigrees, explicitados no cardápio, que também agrega outras informações. Por exemplo, podemos saber que, na pizza "Margueritta Bufala D.O.P", a mozarela vem da cooperativa social "La Terre di Dom Peppe Diana", pároco assassinado pela Camorra por suas posições contra a máfia. Já na excelente pizza "Esterina", com queijos cavalo, emmental AOC (de apelação de origem controlada) e gorgonzola lombardo DOP (de denominação de origem protegida), este tem maturação média inferior a seis meses. Sempre desconfiei de pizzas com variedades de queijos, pois a maçaroca comum acaba anulando a distinção de sabores. Nessa "Esterina", isso não acontece, com cada queijo sabendo dançar o seu minueto e se expressando em suas volúpias. Em suma, uma pizzaria extraordinária e imperdível, com redondas individuais – de bordas grossas, conforme o legado napolitano – que custam de três a oito euros. A "Gino Sorbillo" afirma-se como prova irrefutável de que comida é, sobretudo, matéria-prima, matéria-prima e matéria-prima.

Quando às bebidas, sou, praticamente, monotemático: vinhos. As cervejas não animam, inclusive as poucas artesanais. Há os drinques clássicos, como o Negroni, que não me seduzem. O Limoncello é uma instituição nas áreas percorridas, mas não o aprecio. Como de hábito, nos vinhos, opto por perquirir as castas autóctones; de preferência, aquelas que sequer chegam aqui. Pela compatibilização com o passadio mediterrâneo, mergulhei primordialmente nos brancos. Na região do Etna, produzem-se muitos potáveis das uvas grillo e catarrato. Para tintos, vicejam as uvas frapatto, nerello cappucio, nerello mascalese e nero d'avola. As garrafas excedentes foram as do tinto "Mille e uma Notte", da Donnafugata, e do branco "Lunae Colli di Luni Albarola". Disciplinado em bebericar somente coisas novas, fugi dos tentadores barolos e barbarescos, todavia não resisti a um "Brunello di Montalcino", da Antinori, que achei compatível com a fantástica atmosfera de "O Parrucchiano". No mais, bebe-se alegremente vinhos honestos por menos 20 euros.

11/05/2019

Exercício de Admiração
– Billy Wilder

Assisti, pela enésima vez, o noir "Crepúsculo dos Deuses", de Billy Wilder. Adoro o filme e considero a cena final uma das mais belas, delirantes, emocionantes e significativas da cinematografia mundial, com Gloria Swanson, no papel da agonizante atriz Norma Desmond, descendo, presa, coreograficamente a escadaria da sua mansão, possuída por sopros vitais de dramaturgia e encarnada como a princesa Salomé. O filme narra a história de uma diva – já em processo de decomposição artística – que se flagela para retornar aos dias de esplendor, como acontecia, à época, em 1950, com a própria Swanson, divindade do cinema mudo. No longa-metragem em preto e branco, acerando a atmosfera de realidade, contracenam o lendário produtor Cecil B DeMille, a mexeriqueira colunista Hedda Hopper e o ator Buster Keaton, interpretando a si próprios. E ainda o renomado diretor e ator austríaco Erich von Stroheim, acorrentado à função do apaixonado e modal mordomo Max, após dirigir Desmond nas áureas películas de outrora. William Holden faz o galã, como o espaçoso e desditoso roteirista Joe Gills. A obra, registrada como uma das mais importantes do cinema pelo *American Film Institute*, concorreu a 11 Oscar, abiscoitando três estatuetas – roteiro, trilha sonora e direção de arte. E ganhou quatro Globo de Ouro nas relevantes categorias filme, roteiro, atriz (Gloria Swanson) e trilha sonora. Nos anos 90, Andrew Lloyd Webber recriou uma versão musical, que tive a oportunidade de ver, com Glenn Close como a desvairada e excêntrica Norman Desmond, há dois anos na Broadway.

Coincidentemente, revi três outros filmes que cultuo do diretor – "Testemunha de Acusação", "Quanto Mais Quente Melhor" e "Irma la Dulce". No primeiro, transluz todo o talento da ilusória algidez de Marlene Dietrich, com as suas podadas nuances interpretativas, que a transformaram em mito. E mais: sem contingenciamentos, esparrama-se na tela o hiperbólico desempenho de Charles Laughton, um dos meus atores prediletos, com o seu perscrutador monóculo. E há ainda a luxuosa participação da impagável Elsa Lanchester como a senhorita Plimsoll, assistente do turrão advogado Sir Wilfrid, representado pelo extraordinário Laughton. Parênteses para uma futrica à la Hedda Hopper: na vida real, Charles Laughton e Elsa Lanchester viveram casados por mais de 30 anos, até a morte dele, que era homossexual. Tyrone Power completa o afiado time no papel do angustiado acusado de um crime. Em "Quanto Mais Quente Melhor", quem transborda é Marilyn Monroe. Com a personagem Sugar Cane (apelido ímpar), exalando sensualidade e ingenuidade, a deusa Marilyn Monroe, talvez, nunca tenha sido tão Marilyn Monroe no acetato. É uma das atrizes mais magnéticas e carismáticas de todas as eras. Quando se encontrava sob foco, dificilmente o telespectador conseguia olhar para outra coisa. Assoma o mesmo pedestal de Audrey Hepburn, Marlon Brando, Charles Chaplin, Fernanda Montenegro e poucos outros. Não são simplesmente artistas colossais, são fenômenos da natureza. O impagável Jack Lemmon confirma o dom para comédias, fazendo dupla travestida com o versátil Tony Curtis em uma banda de mulheres. E o cômico Joe E. Brown empresta o seu elástico sorriso ao saboroso filme. Já na chapliniana comédia romântica "Irma la Dulce", Wilder repete os protagonistas – Jack Lemmon e Shirley MacLane – do bem-sucedido "Se Meu Apartamento Falasse", o seu filme mais "oscarizado" (filme, diretor, roteiro, edição e direção de arte). MacLane trejeita e humaniza a prostituta Irma com mais felicidade do que o atabalhoado e caricato Lemmon. E Lou Jacobi, como Moustache, destaca-se entre os coadjuvantes.

Billy Wilder foi um dos maiores diretores e roteiristas da história do cinema, tendo também atuado como produtor, com participação em mais de 60 filmes. Judeu polonês, naturalizado americano, começou a vida profissional como repórter em Viena e, depois, em Berlin, onde passou a fazer roteiros para filmes mudos. Com a ascensão do nazismo, fugiu para Paris, e dirigiu o primeiro filme ("Semente do Mal"), em 1934. Logo, iria para Nova York, onde dividiria moradia com o ator Peter Lorre, igualmente judeu e nascido no, então, Império Austro-Húngaro, como Wilder. Sua medular influência artística fora o cineasta alemão Ernst Lubitsch, de quem roteirizou "Ninotchka". Wilder concorreu a 21 Oscar, e venceu seis vezes; duas como diretor – "Farrapo Humano", em 1945, e "Se Meu Apartamento Falasse", em 1960 – e três como roteirista – "Farrapo Humano", "Se Meu Apartamento Falasse" e Crepúsculo dos Deuses". Com "Se Meu Apartamento Falasse", ganhou também na modalidade de melhor filme. Transitou, versátil e brilhantemente, por vários gêneros cinematográficos – comédias de todos os tons, suspense, drama, guerra, noir etc. Além das comédias supracitadas, como mestre da escola, Wilder assinou "O Pecado Mora ao Lado", carimbado pela memorável cena do irrefreável vestido branco de Marilyn Monroe, levantado pelo hálito de um respiradouro de metrô. Em 2011, arremataram o icônico fetiche por 5,6 milhões de dólares em leilão. E fez ainda "Sabrina", com Audrey Hepburn dividindo as atenções de Humphrey Bogart e William Holden e se consolidando como incontroversa estrela de primeira grandeza.

Particularmente, embora ame a leveza das comédias de Wilder, prefiro as suas narrativas que desfolham as misérias e as sordidezes humanas. E, sob estes parâmetros, "Crepúsculo dos Deuses" aboleta-se em primeiro lugar. O filme é uma dessas autofagias que Hollywood, eventualmente, desentranha, expondo as próprias vísceras. A similaridade narrada com a verdadeira situação de Gloria Swanson constitui-se em precioso achado, com requintes de crueldade por ela ter sido lançada, definitivamente, ao estrelato pelas mãos de Cecil B DeMille na superprodução "Male and Female", em 1919. Em "Farrapo Humano", Ray Milland dilacera-se na pele do alcoólatra Dom Birnam em crise de abstinência. As suas convincentes insânias valeram-lhe o Oscar de melhor ator. Em "Pacto de Sangue", de 1944, coroteirizado pelo estupendo escritor Raymond Chandler, o potente Edward G Robinson rouba o espetáculo. E "A Montanha dos Sete Abutres" permite a Kirk Douglas avultar-se como o instável e desestimulado jornalista Charles Tatum, que, ao se dirigir para cobrir brochante corrida de cascavéis, se depara com as agonias de um homem preso dentro de uma mina, ao procurar relíquias indígenas. O caso estendeu-se além dos limites do lugarejo, mobilizando a mídia nacional. Então, o inescrupuloso repórter consegue acesso ao atormentado, mas, ao invés de ajudá-lo a sair da arapuca, prefere cafetinizar o martírio do infeliz na busca de manchetes e de projeção profissional.

Acho que uma das razões do sucesso de Billy Wilder foi o fato de ele dirigir e fazer roteiros com as mesmas competências e desenvolturas. Permanentemente, procurou trabalhar com gente tão grande quanto ele. Os atores mais bisados foram Jack Lemmon, William Holden, Walther Matthau, Marilyn Monroe, Shirley MacLane, Audrey Hepburn e Marlene Dietrich. As trilhas sonoras dos seus filmes receberam partituras de músicos da extensão de Miklós Rózsa ("Farrapo Humano"), Franz Waxman ("Crepúsculo dos Deuses"), Alfred Newman ("O Pecado Mora ao Lado") e André Previn

(Irma la Dulce), entre semelhantes bambas. No documentário "Conversations with Wilder", o gênio modestamente assegura que o seu objetivo principal sempre foi apenas o de entreter. Conseguiu como poucos.

18/02/2019

GoT deslizou no politicamente correto

O epílogo de "Game of Thrones" atiçou menos reações do que o previsto. Talvez, já houvesse um cansaço natural com a longeva série – um sentimento de graças a deus acabou – ou acúmulo de desentusiasmos calcificados no correr de nove anos de existência, transformando linho em linholene. Assisti a todos os capítulos, mas entrei no jogo tardiamente, depois da sexta temporada, vendo-os aos magotes. Não tenho paciência para emoções parceladas. Apesar da minha predisposição positiva, o seriado nunca me enfeitiçou. Achava-o dramaturgicamente indigente, com diálogos anêmicos e fotografia defectiva, a despeito de um ou outro efeito especial vulcânico. Mais inexpressivo ainda se configurava o elenco, excetuando, com muita boa vontade, três ou quatro atores calejados. Em geral, as atuações eram desenxabidas, com rostos sem enunciados. No núcleo jovem do clã Stark, ninguém se salvava. Nos das outras famílias, também não. A única coisa razoável era a própria base da inventiva história, que se desvigorou pelas carências interpretativas e cênicas.

Além disso, a sensaboria do capítulo final temperou-se nas supinas exigências do inibitório politicamente correto. Após o penúltimo episódio, ficou claro que Daenerys poderia ser sacrificada, pela barbárie semeada pelos seus desígnios. Atendendo às expectativas dos fãs de GoT, ela foi morta, como esperado. Quem a matou, porém, com a torcida de todos – o mocinho Jon Snow –, recebeu sanção contemporânea pelo "feminicídio", amargando vitalício desterro em uma Sibéria local. Ao contrário, o carrasco titular de Daenerys, executor disciplinado e entusiasmado da mesma chacina, que ostentava o figurativo apodo de "Verme Cinzento", fora premiado, sem justificativa plausível, com terras para cultivar os seus Imaculados guerreiros eunucos. "Verme" era o único negro de destaque que sobrara na saga. Confusamente, o que parecia ser um tribunal para julgar Tyrion por crime de traição, transformou-se em colégio eleitoral, regido pelo próprio homúnculo, para eleger o monarca unificador dos "Sete Reinos". Escolhido o paraplégico Bran Stark, foi a vez da sua irmã Sansa bradar independência e reivindicar um reino para chamar de seu. Com a morte de Daenerys, aos olhos dos produtores de GoT, fez-se necessário aboletar outra mulher em trono qualquer, para assegurar a cota de empoderamento feminino. O que sempre fora "Sete Reinos" virou "Seis Reinos", e a insossa Sansa ganhou um castelinho. E Aria Stark, menina alfabetizada em escola de assassinos, com os dois irmãos por cima da carne seca, preferiu abandoná-los e vazar, empunhando o seu espadim de aço valiriano, para territórios desconhecidos pelos mapas, assim como o órfão dragão sobrevivente. E o anão Tyrion – quiçá, o único personagem sensato em toda a fábula – tornou-se "mão" de Bran, formando uma brancaleônica dupla de comando. Se os critérios politicamente corretos aplicados no seriado fossem transportados para a última eleição presidencial brasileira, talvez somente sobrevivessem o "Cabo Daciolo" e a índia Guajajara.

É crível se imaginar que, mesmo sem os arremedos politicamente corretos, o desenlace de GoT ficasse aquém do desejado. Desde o sumiço dos "Caminhantes Brancos", a série perdera o encanto e desandara, e a temporada derradeira caracterizou-se como uma das piores. As opções adotadas apenas folclorizaram exageradamente o desfecho, limitando as possibilidades e, provavelmente, inibindo os arroubos de seus idólatras. Não obstante, o sucesso de "Game of Thrones" é indubitável, e isso, por si só, deve ser celebrado.

23/05/2019

As esquerdas...

O respeitado sociólogo Ignacio Cano publicou, neste sábado, o reflexivo artigo "Os erros da esquerda", em *O Globo*. No texto, o professor concentra os passivos em duas vertentes: a falta de autocrítica em relação à corrupção nos governos petistas e a exacerbação da luta pelas pautas políticas identitárias, em prejuízo das tradicionais agendas socioeconômicas tão caras às esquerdas. Ignacio Cano não é o primeiro esquerdista a se manifestar nesse sentido. Outros já o fizeram. Alguns com mais contundência, muitos, com mais recato. O importante é que crescem, na medula das esquerdas, espasmos com o calor dessas evidências.

"O exercício da autocrítica não garante o fim das derrotas, mas a ausência dela significa que elas, provavelmente, continuarão", conclui, lamentoso, o autor no arrazoado. Imagino que não seja fácil, para os petistas, desenvolver qualquer contrição. O capital eleitoral do partido ainda se mostrou pujante nas últimas eleições, e existe o imbróglio da prisão de Lula, que encabula as penitências. Com Lula encarcerado, por óbvio, o autorreconhecimento de malfeitos só corroboraria a "lógica" da sua detenção. E o PT continua, extremamente, dependente de Lula. Por outro lado, não faz sentido parentelas esquerdistas promoverem uma procissão de remorsos que caberia aos petistas. Tudo indica, portanto, que a sanitária autocrítica não se encontra no horizonte.

A vitória de Bolsonaro fundamentou-se em vários pontos. Talvez, o antipetismo tenha sido o principal. O acirramento dos confrontos identitários, porém, teve papel relevante. A emergência dos anseios de inúmeras "minorias" é justíssima, e, felizmente, consolida-se. Os antigos opróbrios de uma mulher desquitada constituem-se, hoje, por exemplo, em folclore no fabulário do feminismo. Também não se enxota mais de casa a menina que "se perdeu", desgraçando toda a família. Normaliza-se a convivência entre heterossexuais e homossexuais etc. A história ensina que o tempo debilita sempre o moralismo fundamentalista, mesmo quando ele viceja esporadicamente. No compreensível afã de suas oprimidas urgências, diversos movimentos exacerbam-se, com ares de revanchismo. A direita, como assinalou Ignacio Cano, aproveitou-se disso, conferindo bafos de ameaça aos excessos e reafirmando os valores majoritários da sociedade. Daí, amalgamou-se a liga ideológica da candidatura Bolsonaro com os segmentos conservadores e reacionários, religiosos ou não.

Há tempos, acho que a contemporânea agenda identitária ocupa espaço desproporcional e indevido nos processos eleitorais. Ela serve de referência para muita gente, todavia não deve ser fundamental na escolha de governantes. Para a função governamental, em tese, a experiência administrativa, a habilidade política, a disposição para o trabalho e a sensibilidade social deveriam ser, aparentemente, mais importantes do que um candidato estampar atributos politicamente corretos e não possuir cacoete gerencial nem capacidade de formar governabilidades. Para um cargo legislativo, contudo, os predicados da persona podem ser indutores, através de voto identitário ou simbólico. Aliás, excetuando a questão da afinidade, o ementário identitário não passa por resolução de governos, e, sim, por deliberação de casas legislativas. Apesar disso, o temário identitário ganha cada vez mais destaque nas eleições governamentais, em detrimento da discussão do que é, realmente, crucial – saúde, segurança, educação, meio ambiente etc. Para isso, contribui, fundamentalmente, a imprensa, que editorializa sérias preocupações substantivas, mas prefere oferecer as cosméticas polêmicas adjetivas aos seus consumidores. Sinceramente, que importância tem o que acha um candidato a prefeito sobre o casamento gay? Esse é o tipo de pauta que prevalece nas coberturas dos transcursos eleitorais. Tudo rasteiro, sem nenhuma profundidade. O que vale é o mimimi, a futrica no atacado, o que repercute nos binários e irreflexivos escaninhos das redes sociais.

No próximo ano, teremos eleições municipais, para a escolha de prefeitos e vereadores. No Rio, vivemos a desdita do desgoverno Crivella; quiçá, o pior prefeito da história da cidade. Seria bom para o Rio nos livrarmos dele. Seria melhor nos livrarmos dele, colocando alguém capaz e operoso no seu lugar. Os princípios de Crivella não se coadunam com o espírito da cidade. Isso, entretanto, não é o maior inconveniente. O grande problema é que Crivella não goza de menor vocação administrativa nem de apetência para o trabalho, culminando no desastre atual. Dificilmente, conseguirá renovar o mandato, se o processo for balizado pela incúria da sua gestão. A remota chance de ele sobreviver é a eleição se transformar em um cotejo de baforadas identitárias. Aí, a imprevisibilidade pode se fazer presente.

25/05/2019

As Sentinelas da Mediocridade

No artigo "Somos deuses da carnificina?", hoje em *O Globo*, a talentosa e inteligente jornalista Ruth de Aquino aborda a chatura que se tornou o mundo com o ativismo das patrulhas ideológicas, religiosas, raciais, morais, sexuais etc. No texto, ela cita vários exemplos de gente sobejante em seus ofícios – alguns verdadeiros prodígios –, cujos trabalhos passaram a ser abrumados pelo crivo das lógicas reducionistas e mentecaptas abundantes nesta "primavera" de néscios e pascácios, como diria Nelson Rodrigues. Em suma, as sentinelas da mediocridade julgam a todos pelos limites dos seus antolhos.

Descrente de deuses e de homens, jamais misturei obras – sobretudo, obras-primas – com a natureza de seus autores. Não exijo perfeição nem paridade de ninguém. "Eu sou eu e minha circunstância", resumiu o filósofo espanhol Ortega y Gasset. Todos somos nós e as nossas circunstâncias. Muita produção magnificente foi criada por gente, aparentemente, detestável, como Picasso e Elia Kazan, que colaborou com o macartismo. Isso não embaça a qualidade da obra excedente, que adquiri praticamente vida autônoma. Incontáveis associaram-se a pessoas e a regimes condenáveis. Na Renascença, quase todos os excepcionais artistas eram subsidiados por inescrupulosos reis e papas – Leonardo da Vinci, Michelangelo, Rafael, Giotto, Piero della Francesca etc. Posteriormente, o que seria de Velázquez sem a proteção do monarca espanhol Felipe IV? Todos esses extraordinários criadores floresceram em ambientes que, aos olhos de hoje, seriam considerados politicamente incorretos. Felizmente, essa bobajada não existia, e eles nos deixaram um incomparável legado artístico universal. Os reluzentes Eisenstein e Maiakovski vincularam-se, entusiasticamente, à ditadura soviética; este, inclusive, recebera a distinção de ser "o poeta da Revolução". Já o romancista e dramaturgo Máximo Gorki, autor das célebres peças "Ralé" e "Pequenos Burgueses", pela militância e real valor artístico, transformou-se na proeminente figura literária do totalitário regime comunista, tendo, inclusive, emprestado o nome para uma cidade ainda em vida. A fantástica Leni Reifenstahl assumiu-se como a cineasta do nazismo, ao realizar obras-mestras propagandistas tais quais "O Dia da Liberdade" e, principalmente, "Triunfo da Vontade". Para muitos, o transbordante filósofo Nietzsche alicerçou, conceitualmente, o nazismo. Os magníficos escritores Ezra Pound e Louis-Ferdinand Céline também se soldaram à regência hitlerista, ambos com fortes acentos antissemitas. Por sua vez, o inovador Godard enaltecia o maoísmo à época da Revolução Cultural Chinesa, um dos mais cruéis movimentos do século XX, que, entre numerosas barbaridades, estimulava os filhos a dedurarem os pais por atividades antirrevolucionárias. Na mesma direção apologética, grandes artistas e intelectuais do planeta construíram altares para venerar Fidel Castro e o emplastro cubano. No outro lado, quiçá, o supremo escritor de língua espanhola na América Latina, Jorge Luis Borges, avalizava a sanguinária ditadura militar argentina. Todos os supracitados assinaram obras transcendentes. E assim acontece com centenas.

No Brasil, abespinham-se os direitistas nanicos de espírito pelo fato de Chico Buarque ter ganho o Prêmio Camões, destacada glória da literatura de língua portuguesa. Goste-se ou não de suas posições políticas, Chico Buarque é um gigante do cenário cultural mundial, apesar da estreiteza do nosso idioma. Não precisamos concordar nem nos espelharmos nele, para reconhecer a sua elevada dimensão. Podemos até questionar a sua produção literária propriamente, porém não a exuberância artística. Chico Buarque é simplesmente um artista genial. Como o era o sumo dramaturgo brasileiro, o irônico reacionário Nelson Rodrigues. E, para ficarmos apenas na esfera da genialidade, tínhamos também o eterno comunista Oscar Niemeyer, orgulhosamente colado a um rótulo desbotado.

Não somente as razões político-ideológicas animam as mesquinharias e as hostilidades vicejantes nesta nova era de assepsia vitoriana. Realçam-se as motivações de cunhos sexuais. Como ressalta Ruth de Aquino, o admirável Woody Allen deixou de ser julgado pelas propriedades dos seus maravilhosos filmes, e passou a sê-lo por ter casado com a enteada e por suposto assédio sexual à uma filha nunca comprovado. Mais patético ainda são os inúmeros atores e atrizes que se dizem, agora, arrependidos de terem trabalhado com ele, embora não citem nenhum contencioso privado. Ou seja, estão ofendidinhos com coisas que teriam sucedido a terceiros, no núcleo familiar do diretor. Igualmente o ator Kevin Spacey, como lembra a jornalista, foi remetido ao degredo, depois de suposto assédio não consumado há cerca de 30 anos, no auge do período de drogas, sexo e rock'n'rool, cuja revelação desencadeou um rosário de acusações assemelhadas de outros homens adultos. Segundo consta, Spacey dava uma festa em casa, e, quando todos se foram, o então jovem com 14 anos ficou. Se houve a abordagem sexual, ela não prosperou, de acordo com o próprio denunciante. A única coisa estranha nesse episódio é a história vir à baila no ápice da carreira de Spacey, após três décadas, inclusive porque nada ocorreu entre eles. Admitindo-se que o ator seja um agressivo e intimidante predador sexual, ninguém é obrigado a se submeter ao que não quer, notadamente entre homens feitos. Sou hétero, tenho diversos amigos homossexuais e fui cortejado por homens desde a adolescência. Simplesmente, nunca rolou; eu não preparei inventário desses assédios nem me senti um coitadinho traumatizado indefeso. Francamente, esse tipo de denúncia oportunística só prosperaria nesta atual alvorada moralista. Isso não significa que os indivíduos sejam santos. Vamos a um caso extremo. Michael Jackson, provavelmente, fez-se merecedor das graves suspeitas que pairaram sobre ele a respeito de abomináveis práticas pedófilas. Ou, pelo menos, de parte delas. Aquilo tudo sempre fora esquisito – Neverland, o exército de crianças, a aparente assexualidade do cantor etc. Talvez, a morte o tenha poupado de merecidas e pesadas condenações judiciais. A despeito dos procedimentos horrendos, Michael Jackson foi o maior artista pop da história. E, se nos faltam pretextos para estimar o homem, nos sobram motivações para adorar e cultuar a sua excelsa e estratosférica arte. Penso que o mais correto e prudente é não misturar o ser humano com o seu trabalho, notadamente se este tiver fecundidade artística e científica. De minha modesta parte, eu vou continuar admirando as obras de Picasso, Borges, Leni, Eisenstein, Nelson Rodrigues, Michael Jackson, Woody Allen e Chico Buarque. Não se trata de anárquica manifestação política, mas de alimento para a alma.

31/05/2019

Exercício de admiração
– Yves Saint Laurent

O tapete vermelho sintetiza o proscênio de "personalidades" em eventos glamurosos, notadamente no domínio cinematográfico. Ultimamente, ele tem sido insultado frequentemente pelo mau gosto predominante dos transeuntes, com suas vestimentas heteróclitas, mais afeitas às bizarras fantasias do maravilhoso Elton John e do divino e saudoso Chacrinha. Em geral, o traje é, proporcionalmente, inverso ao talento. Quanto menor e provisório é o ator ou a atriz, maior torna-se o despropósito e a cauda indócil e infame. Na encarniçada luta para chamar a atenção, vale tudo. "Há apenas uma coisa no mundo pior do que falarem mal de você: é não falarem sobre você", ensinara o fascinante dândi *Oscar Wilde*.

Ao ver imagens do trottoir do recente Festival de Cannes, imaginei se o inventivo *Yves Saint Laurent* teria a coragem de assinar alguns daqueles medonhos modelitos. Certamente, não. Não entendo, não sigo e não tenho relação especial com a moda. Admiro, entusiasticamente, *Yves Saint Laurent*, por vê-lo como epítome de elegância e entender que o seu trabalho se inseriu – tal qual o de poucos profissionais do ramo – em patamar artístico sublime. No caso dele, especificamente, também me identifico com a paixão pelo mundo das artes plásticas, que inspirou, indelevelmente, a sua obra e o fez grande colecionador. Tenho nas artes plásticas, na música e no cinema as minhas principais referências e emoções.

Yves Henri Donat Mathieu-Saint Laurent nasceu na litorânea Orã, na Argélia, em 1936, então sob o domínio francês. Mudou-se para Paris, em 1954, e frequentou a *École de la Chambre Syndicate de la Haute Couture*. Ganhou concurso internacional de moda com um vestido de coquetel, impressionando o glorificado Christian Dior, que o contratou como assistente. Com a morte de Dior, em 1957, *Yves Saint Laurent* assume a maison no verdor dos 21 anos. No ano seguinte, lança o vestido "trapézio", angaria o prestigiado prêmio Neiman Marcus, concedido aos melhores estilistas e designers, e recebe o urente apelido de "Christian 2, o jovem triste", que preanunciava os seus estados depressivos e melancólicos. Em 1960, é convocado para servir o exército francês na Guerra da Independência da Argélia, e substituído por Marc Bohan na direção da Dior. Achincalhado e humilhado pelos colegas de farda, internou-se em hospital para tratamento psiquiátrico, incluindo terapia por eletrochoques. Em 1961, abre a própria maison com o parceiro e homem de negócios *Pierre Bergé*. Os dois foram casados até 1976 e se mantiveram sócios até a morte de *Yves Saint Laurent* em 2008, devastado por um câncer cerebral. Rapidamente, a chancela YSL passa a simbolizar elegância, distinção e vendas. Em 1966, Yves Saint Laurent criou o revolucionário smoking feminino, com blusa transparente e calça masculina, peça que mereceu inúmeras releituras no correr dos tempos. A indumentária consagrou-se imediatamente nos corpos de mulheres como Lauren Bacall, Bianca Jagger e Liza Minnelli. "Hoje as mulheres andam normalmente de terno e calça comprida. Isso parece normal, cotidiano, mas na época a mulher era proibida de entrar num restaurante ou num hotel. O smoking, usado até hoje, foi uma provocação sexual, dirigido à mulher que queria ter um outro papel", registrou Suzy Menkes, editora do International Herald Tribune. "Chanel libertou as mulheres e Saint Laurent lhes deu o poder", sumariou o companheiro Bergé. Ainda em 1966, ele "populariza" o prêt-à-porter, com roupas de bom gosto a preços mais acessíveis do que os da alta-costura. Na mesma década, franqueou as passarelas parisienses às manequins negras, "naturalizando" a presença delas nos desfiles. Não foi o primeiro, como vários atribuem. Christian Dior o precedera, em 1949, com a americana Dorothea Towles Church. Em 1969, tendo como madrinha a sua musa Catherine Deneuve, o figurinista inaugurou a boutique "Saint Laurent Rive Gauche" para homens.

Em 1965, o estilista começara os seus diálogos com as artes plásticas e apresentara a icônica coleção inspirada em *Mondrian*, a primeira de uma série dedicada a notáveis pintores; entre eles, *Van Gogh*, *Picasso*, *Matisse*, *Braque*, *Léger* e

Warhol. Além disso, a ousada campanha publicitária da coleção primavera-verão de 1999 da YSL fora baseada em quadros emblemáticos de Manet, Velázquez, da Vinci, Ingres etc., com fotografias de Mario Sorrenti, especialista em modelos nus. Saint Laurent e Bergé foram entusiastas e vorazes colecionadores de arte. Após a morte do prodigioso artista, Bergé colocou à venda 733 peças do acervo do casal – quadros, esculturas, móveis, porcelanas, antiguidades etc. – no chamado "leilão do século", e arrecadou acima de 370 milhões de euros. O destaque coube ao quadro "Les coucous, tapis bleu et rose", de Matisse, arrematado por 32 milhões de euros. Uma escultura em madeira, do romeno Brancusi, saiu por 26 milhões de euros. Uma poltrona da designer irlandesa Eileen Gray bateu estupendos 21,9 milhões de euros. E um ourudo desembolsou 7,9 milhões de euros pelo exótico frasco de perfume, de 16 centímetros, desenhado por *Duchamp* e *Man Ray* e já abandonado pela essência que evaporara. A visceral ligação de *Yves Saint Laurent* com as artes plásticas tinha o reconhecimento do establishment do métier. Em 1986, o "Museu do Louvre" abriu as portas pela primeira vez para receber o trabalho de um costureiro. Três anos antes, o Museu Metropolitan, de Nova York, albergara a exposição comemorativa pelos seus 25 anos de criação, com curadoria de Diana Vreeland, a lendária editora da *Harper's Bazaar* e da *Vogue* americanas. Mais de um milhão de pessoas prestigiou a celebração. E, em 22 de janeiro de 2002, o Centro Georges Pompidou, em Paris, testemunhou o último desfile de alta-costura do gênio. Em suma, *Yves Saint Laurent* sempre esteve à altura dos olimpos das artes. Cultíssimo, o cosmo artístico dele era muito mais extensivo e holístico. Apaixonado por teatro desde a juventude, ele desenhara cenários e figurinos para espetáculos de Jean Cocteau e Marguerite Duras, que lhe dedicara o livro "Yves Saint Laurent: Icons of fashion design". No cinema, vestiu Claudia Cardinale no filme "A Pantera Cor-de-Rosa", de Black Edwards, e Catherine Deveuve em "A Bela da Tarde", de Luis Buñuel, e em "A Sereia do Mississipi", de François Truffaut.

Em 2010, dois após o falecimento de Yves Saint Laurent, conferi a magnífica retrospectiva que o homenageou no Petit Palais, com 307 itens, a quinta-essência da sua produção. Uma experiência epifânica. Estava tudo de significativo lá. Os smokings femininos, dez modelos de Catherine Deneuve, inclusive os usados em "A Bela da Tarde", peças que adornaram também as suas inseparáveis amigas e clientes Lolou de la Falaise e Diane von Furstenberg, as famosas jaquetas "sahariennes" da temporada de 1968, as coloridíssimas coleções "étnicas" (África, Índia, China etc.), os joviais tubinhos mondrianescos e a exuberante roupagem que alinhavou a feliz e produtiva simbiose com as artes plásticas. As coleções Russa, Matisse e Van Gogh faziam chorar de tão lindas. Alumiado, saí dali devoto e beatificado. Posteriormente, assisti ao bom filme "Saint Laurent", de Bertrand Bonello, e ao documentário "O Louco Amor de Yves Saint Laurent"", de Pierre Thoretton. Há dois anos, visitei o Museu Yves Saint

Laurent, instalado no cultuado prédio número 5 da Avenue Marceau, onde o designer de moda – a expressão mais apropriada no seu caso – manteve ateliê de 1974 até 2002, quando se aposentou. Revi bastante do que já tinha visto no Petit Palais e me emocionei com a sua singela mesa de trabalho e os seus marcantes óculos sobre ela.

Em 1999, o empresário François Pinault, dono de uma holding de marcas, comprou integralmente a YSL, segundo especulações, pelo equivalente a um bilhão de dólares. Consta que, ao transferir a própria marca, merencório, porém abarrotado de dinheiro, Yves Saint Laurent se consolava com a possibilidade de adquirir um Rothko.

18/06/2019

Manuel Castells e os "manés"

O renomado sociólogo espanhol Manuel Castells perambula pelo Brasil, socializando argutas considerações sobre o vigente mundo obscuro. Admiro-o desde a década de 90, quando acompanhei, *in loco*, dois processos eleitorais na Espanha, e o lia para me contextualizar. Professor em várias das principais universidades da Europa e dos EUA, Castells – crismado no marxismo, como muitos intelectuais de sua geração –, sempre foi um moderno pensador original e liberto de cacoetes doutrinários, tendo se destacado inicialmente com reflexões sobre a questão urbana. Posteriormente, dedicou-se ao estudo das sociedades conectadas em rede, e é, hoje, o seu principal perscrutador. A sua trilogia *A Era da Informação: Economia, Sociedade e Cultura* ganhou editoração em 23 línguas. Para mim, uma das suas principais qualidades é a de compreender as novas realidades em curso como elas se apresentam, e não ambicionar conduzi-las ou negá-las, embora seja visceralmente comprometido com a contemporaneidade.

Em entrevista ao jornal *O Globo*, Manuel Castells afirma que, no Brasil, se experiencia "um novo tipo de ditadura" com as instituições preservadas, contudo manipuladas por poderes econômicos e ideológicos. Segundo ele, não se pode mais fazer uma ditadura à antiga, sob a tutoria das Forças Armadas, mas, sim, uma "ditadura orwelliana", de ocupação de mentes. Respeitosamente, considero a alocução exagerada. A despeito do que estamos passando com este governo medievo, algumas das nossas instituições cardinais – Congresso, Justiça e Imprensa – continuam livres e operantes, apesar das tentativas de intimidações e de cerceios. É óbvio que o presidente Jair Bolsonaro introjeta pendores autoritários e incivis. Se dependesse dele, amargaríamos sob uma ditadura militar e paramilitar. Sobre os sombrios aspectos "orwellianos" das ditaduras do presente eles fundamentam-se naturalmente na similaridade com os estados distópicos reproduzidos nos trabalhos dos escritores ingleses Aldous Huxley e de George Orwell. No livro *A Revolução dos Bichos*, Orwell critica as barbáries de Stalin e da regência soviética, ainda sob o efeito do skank trotskista que passara a usar quando, ao lutar na Guerra Civil Espanhola, se vinculou ao Partido Operário de Unificação Marxista. Já na obra-prima *1984*, o protagonista Winston Smith, burocrata do sugestivo Ministério da Verdade, tem como ofício arremedar documentos históricos a fim de ajustar o passado aos interesses do tirânico e onipresente Grande Irmão, comandante de regime onde inexistem leis, somente regras a serem cumpridas. Esse libelo deu origem ao adjetivo "orwelliano" como sinônimo de totalitarismo. E Castells o usa para ilustrar as novas máscaras das ditaduras recentes, embora a disputa pela "ocupação das mentes" se dê também nas democracias. As redes sociais estenderam o tempo da política, que antes, para a maioria das pessoas, se resumia aos períodos eleitorais. Agora, a política adentra vigorosamente no cotidiano pelo ativismo digital. No mais, nos dizeres do sociólogo, vivemos em "sociedade da informação desinformada", adulterada, maciçamente, por robôs e "jovens que tentam mudar o mundo".

Em seminário na FGV, Manuel Castells aprofundou as suas cogitações. Segundo ele, a comunicação é inerente as gentes, por sermos "animais sociais". No entanto, somos majoritariamente emocionais, e não racionais, e fundamentamos as nossas opções sob esta lógica. Ou seja, "são as emoções que decidem" e "racionalizamos emoções", ao escolhermos o que desejamos crer e ao rejeitarmos o que não queremos. Somos sensíveis ao que estamos de acordo e nos informamos para validar o já acreditado, e não para saber das coisas. Com isso, a atuação nas redes antissociais dá-se em função de despacho mental prévio, que estreita os canais perceptivos. Na opinião de Castells, esse juízo corrói o arcabouço social das correntes ditas progressistas, pois as esquerdas se fiam em que os seus programas atendem às aspirações racionais da cidadania, e não é bem assim.

Para Castells, não basta depreciar os furores reacionários; é preciso entender a razão da mobilização de contingentes em prol de ideias regressivas. "Apenas desqualificar os autoritários fica dentro do elitismo, não se conecta com as massas", prediz ele. E complementa: "Estamos em uma época de combate à razão". (E à modernidade, acrescento eu, concordando que a razão e a modernidade são os principais alvos das milícias retrógradas.) Castells compreende que a concentração de renda, a carência de renovação interna dos partidos políticos e os segmentos inadaptados à expansão tecnológica, com desdobramentos no desemprego e na insegurança, contribuem para a "crise de legitimidade". Na visão do sociólogo espanhol, isso produz ruptura e gera "emoções negativas e rejeições a elementos que os intelectuais cosmopolitas entendem ser óbvios e racionais". De minha parte, integralmente racional, tenho dificuldades de entender como diagnósticos e receituários de quase dois séculos – tão caros a alguns setores da esquerda – podem atender às demandas do presente, desta nova era de incertezas.

Castells observa que a comunicação influencia na relação de poder de todas as sociedades, porém ela se alterou completamente nos dias atuais. "As redes sociais desmontam as estratégias de construção do poder existentes até antes delas. Saímos dos meios de comunicação de massa e vamos à comunicação de rede em massa", afirma o professor. E aduz: "Os grandes meios de comunicação perderam o poder. Não decidem mais eleições". Na verdade, eu acho que nunca decidiram, só por exceção. Castells alerta também para os demagogos que, através das batalhas culturais, vencem processos eleitorais democráticos, defendendo valores antidemocráticos; o que temos visto a rodo. Por fim, ele nos aconselha a não negar a realidade. "Se há milhões de pessoas que sentem e expressam emoções que nos parecem primitivas, aceitemos que é assim e passemos a buscar respostas e soluções para essas pessoas", conclui. Esse é um ponto fundamental, para tentarmos abreviar os nossos dissabores neste planeta que gira para trás. Não adianta maldizermos os "manés", precisamos nos esforçar para entendê-los, se pretendemos mudar o jogo.

Obs: As assertivas de Manuel Castells na FGV foram pinçadas de um relatório publicado no blog do ex-prefeito Cesar Maia.

20/07/2019

Para Macaé e os macaenses

Macaé completa, hoje, 206 anos. Nasci lá. Nesta manhã, Claudio Santos enviou-me um vídeo comemorativo com as pessoas cantando, orgulhosamente, no mercado municipal, o belo hino local composto por Tonito Parada (letra) e Lucas Vieira (música) – "Onde o mar beija a areia morena/Onde o rio se encontra com o mar/Onde o sol banha a terra serena/ Tu és, Macaé, a sonhar". Com 16 anos, saí para "estudar fora" e voltava esporadicamente, motivado em rever pais e amigos. Após o falecimento do meu pai há mais de duas décadas e a mudança da minha mãe (também já finada) para morar com a filha em Niterói há cerca de 15 anos, rareei as visitas. Estou há sete anos sem ir a Macaé. No final do século passado, perdi amigos que admirava demasiadamente – Juarito, Marco Aurélio, Euzébio, Samuel, Frota e Claudio Itagiba (que no Rio assumia-se como o conhecidíssimo filósofo Claudio Ulpiano, guru deleuziano de uma geração de artistas globais). Roberto Moacyr faleceu recentemente. Essas perdas interferiram na minha relação com a cidade. Deixei outros tantos amigos por lá; um punhado deles estanciando, agora, em Rio das Ostras. E essas amizades não se medem por frequência; os afetos, as vivências, as cumplicidades estão todos preservados. Há meses aconteceu um episódio extraordinário. Eu e Cesareo Parada (filho) tínhamos bastante afinidade. Por razão inexplicável, paramos de nos contatar. O nosso último encontro datou de 15 de novembro de 1982. Lembro-me bem, pois foi dia de eleição, e ambos votávamos em Macaé, embora, na ocasião, eu me domiciliasse no Rio e ele, em Niterói. Nunca mais nos falamos. Depois de 36 anos, através do face ou do zap, o contatei, e o nosso "reencontro" pareceu a coisa mais natural do mundo; a conversa fluiu como se tivéssemos acabado de passar o fim de semana juntos. Pelo Face, tenho me reconectado com conterrâneos e contemporâneos, e isso me alegra imensamente. No entanto, tenho inúmeras limitações; infelizmente, sou cada vez menos sociável. Aqui mesmo no face, entro raramente, com baixíssimo índice de interação.

No começo de 2019, jantando com o arquiteto Claudio Santos e o poeta e filósofo Alex Varella, na Churrascaria Majórica, Claudio chamou atenção para um aspecto que me fez refletir e entender a importância crucial de Macaé na minha vida. A época pré-Petrobras em que lá vivi, inexistiam ricos no município. Poderia ter um ou outro comerciante e fazendeiro mais abastado, mas não demonstrações explícitas de riqueza. Ninguém exibia carrões ou outros símbolos de ostentação. A cidade comportava-se socialmente equilibrada, com convivência harmônica entre as gentes. Meu pai, por exemplo, era dentista; residíamos no Centro, parte "nobre" da localidade e perto da prefeitura. Na nossa redondeza, havia farmácia, barbearia, sorveteria, padaria, sinuca, lojas de roupa e de ferragem, bares, cafés, bancos, fábrica de bebidas (Lynce), o magnífico cinema Taboada (réplica do Teatro Municipal do Rio), jornaleiro, depósito de ferro velho; ou seja, uma área marcantemente comercial. Os nossos vizinhos eram uma cabeleireira, um tenente do Exército, um doceiro, dois funcionários da prefeitura, dois comerciantes, um ferroviário, um professor do ginásio público etc.; gente de classe média média – como nós – para baixo. Sempre frequentei escolas públicas, e, quando não estava na aula, jogava pelada quase o dia inteiro em times com prevalência de meninos pardos e negros. Durante a minha infância e parte da adolescência, eu convivi, majoritariamente, com crianças e adolescentes remediados e pobres. Isso, certamente, explica muito da minha natureza, felizmente, descarnada de preconceitos.

Outro fator determinante na forja da minha persona foi o ambiente, extremamente, intelectualizado e de liberdade desfrutado na minha adolescência, no convívio com individualidades cultas, inteligentíssimas e criativas. Proporcionalmente à sua pequena população nos anos 60, que burgo do interior do Brasil originara um naipe de professores de filosofia como Alex Varella, Clauze Abreu e Claudio Ulpiano Itagiba, todos ensinando e encantando, com charme e saber, nas principais universidades do Rio? E havia a turma de teatro com Moadyr, Lincoln, Peixoto e o doce e inigualável

Ricardo Meirelles, este um dos dramaturgos mais premiados do país. E a ousadia dos jornais culturais Burzeguim e O Século, com os talentosíssimos Manel e Nato nas diagramações e ilustrações, o cineasta Phydias Barbosa, os fotógrafos Romulo Campos, Livio Campos (autor de dezenas de capas de disco de consagrados cantores e cantoras brasileiros) e Wanderley Gil, Luiz Cesar, a poetisa Sandra Wyatt, Euzébio e outros. (Alguns jornalistas macaenses de destaque fizeram carreiras na grande mídia; entre eles, o crítico de cinema Ely Azeredo, o comentarista de política internacional Newton Carlos e Carlos Marchi). Paralelamente, eu me relacionava, desde os 11 anos, com um núcleo de enxadristas adultos cultos, especialmente os irmãos Roberto e Ricardo Moacyr e Fernando Frota, campeão estadual de xadrez de 1973. Roberto e Ricardo admiravam artes plásticas e cinema. E o autodidata Frota, que estudara apenas até o segundo ano primário, conhecia profundamente a literatura russa. Através dele, familiarizei-me com Dostoiévski, Turgueniev, Tolstói, Pushkin e li *O Capote*, de Gogol. O próprio cético Frota – o homem que não acreditava no amor –, com seus traços de Charles Bronson, daria um gigantesco personagem literário.

Outro vértice relevante da minha constituição foi a minha casa. Meus pais eram formalmente educados, contudo incultos. Nunca me deram um livro, me levaram ao cinema ou ao teatro. Embora com formação universitária, diplomado em odontologia, meu pai gostava notadamente de futebol, de televisão e de briga de galos. Criamos vários galináceos, assim como pássaros e outros bichos. Por um período, cuidei dos pássaros, bonificado à guisa de "primeiro emprego". Diariamente, eu limpava as gaiolas e alimentava os passarinhos ao alvorecer. A passarada canora adorava música. Os coleirinhos excitavam-se com Cauby Peixoto. Os canários trinavam com Ângela Maria. E os curiós e eu preferíamos Martinho da Vila. Minha adorável mãe encarnava a rainha do lar clássica. Minha irmã e meu irmão, relativamente mais velhos, bateram asas cedo, para tocar a vida. Praticamente, não coabitei com eles. Usufrui de uma liberdade que até hoje me espanta. Meus pais nunca me restringiram. Com cinco anos, fui a escola pela primeira vez. Minha amada mãe me levou, perguntou se eu aprendera o caminho e não retornou para me buscar. Voltei, sozinho, direitinho, e, a partir daí, passei a andar pela cidade inteira. (A primeira vez que o meu filho andou sozinho no Rio, ele tinha 13 anos; hoje, tem 23). Ia onde queria ir e andava com quem quisesse. Nunca ouvi de meus pais qualquer refreamento geográfico ou nominal. Com isso fiz amizades de todas as espécies nos variados cantões. Desde criança tive amigos homossexuais; dois deles habitavam na vizinhança e brincávamos juntos. Pela idade, petizes com tendências homossexuais, e não práticas. Na adolescência, porém, fiz amizades com gays ativos, homens e mulheres. Vários fizeram parte do grupo de tipos que eu mais admirava e privava. Meus pais jamais registraram qualquer observação sobre as "más companhias". Também existiam os maconheiros com quem eu andava. Zero de restrição familiar. Eu nunca me relacionei homossexualmente nem gosto de drogas, embora tivesse degustado algumas depois de deixar Macaé. Nesse pacote constitutivo, soma-se o vínculo com figuras consideravelmente mais velhas, que eu atribuo à minha afeição orgânica pela inteligência. No núcleo, digamos, de afinidades artísticas, a tropa era em média 10 anos mais velha do que eu – Claudio Santos, Euzébio, Marco Aurélio, Ricardo Meirelles, algumas amigas etc. Alex Varella somente conheci, pessoalmente, logo que me mudei para o Rio, onde ele morava – e ainda mora. No polo enxadrista e no seu entorno, a diferença etária aumentava, às vezes ultrapassava 20 anos – Roberto, Ricardo, Frota, Amildes etc. Claudio Ulpiano Itagiba, por exemplo, acumulava quase 24 anos a mais. E éramos "amigos" desde que eu era pirralho. Por influência de Claudio Itagiba, fiz a minha segunda ação política involuntária. A primeira fora levar comida, a pedido da minha mãe apolítica, para os presos confinados no ginásio do Ypiranga, em 1964. Só na redondeza da minha residência, foram detidos três "comunistas" amigos da família. Macaé carregava a fama de ser uma das "moscouzinhas" brasileiras. Anos depois, Claudio me "pagava" um "Moranguinho" – refrigerante nativo posteriormente transfigurado em "Moranguito" – e um prato de batatas fritas para eu "limpar" a cidade daqueles cartazes de "Procura-se", que reuniam os retratos de diversos caçados pela ditadura militar. Eu cumpria a tarefa, desconhecendo o significado da missão. Ricardo Moacyr e Frota igualmente me "adotaram".

Em 1974, eles levaram-me ao Interzonal de Xadrez de Petrópolis, vencido por Mequinho. A liberdade e a confiança que os meus pais me conferiram não têm preço.

Em suma, hoje, estou convencido de que, essencialmente, sou fruto da atmosfera libertária do meu tempo em Macaé, esta apaixonante mistura de Macondo com Amacord. Curti infância e parte da adolescência invejáveis. Ainda bem que foi lá e daquela maneira mágica. Não cultivo nostalgia, entretanto. Os valores que mais prezo vêm de lá, e permanecem as verdadeiras amizades de raiz. Distante das transformações brutais da cidade e dos desgastes das picuinhas cotidianas, Macaé e macaenses adquiriram auras olímpicas para mim; merecedores de carinho extremado. Ademais, uma pequena bandeira de Macaé, acomodada em meu escritório, ilumina as minhas lembranças.

Parabéns, Macaé e macaenses.

29/07/2019

Bolsonaro é um perigo real

As nossas predileções mudam com o tempo, e não carregam superioridades implícitas e natas, como muitos supõem. O que eu gosto não se ostenta melhor, em si, do que outros gostam. Atualmente, o meu apego à política é baixíssimo; limita-se ao fortalecimento e ao aperfeiçoamento da democracia, que se encontra sob ataque em várias praças do planeta. Reconheço, entretanto, que a veneranda democracia ocidental pode não ser adaptável a todos. Por exemplo, nunca me iludi com as "primaveras árabes". Aquilo lá é diferente, onde imperam lógicas tribais. Quando acompanhei eleição na Rússia no século passado, ouvi amiúde o ditado: "Isso aqui não é a Polônia; os russos gostam de governo forte". Entendo bem a devoção da grande maioria dos russos a Putin. Idealizar a milenar China democratizada é para quem tem paciência chinesa. As culturas autênticas e memoriais modelam os sistemas políticos.

Sou refratário a doutrinações de quaisquer espécies, e não me interesso pela bulha ideológica. Para mim, o substantivo é a questão democrática; o resto é adjetivo. Filosoficamente, não prezo os binarismos, o sentido de Fla-Flu, o "descolorido" preto ou branco, o "nós" contra "eles" e vice-versa. Desconsidero igualmente mitos, pais e salvadores de pátria, gurus e moralistas empostados. Pelo meu real desencanto com o assunto, evito tratar de política, aqui no Face e em outras ilhotas. Há quem o faça com naturalidade, legitimidade, inteligência, competência e prazer. Existem também, é verdade, os apedeutas. Não prego a nefasta antipolítica. Com todos os problemas, a política ainda é a única maneira de se organizar a sociedade.

Em entrevista ao *O Globo*, o presidente Bolsonaro disse que é "assim mesmo" e que "não tem estratégia" em seus vômitos verborrágicos. Contra o senso comum, creio piamente no dito por ele. Nunca identifiquei estratagemas em seus maus modos. O presidente Bolsonaro não me preocupa por se aprumar à direita, mas por ser de extrema-direita, despreparado, desequilibrado, néscio, complexado e rancoroso. E acho-o – digamos, de forma minimamente elegante – portador de déficit cognitivo, ao contrário do conjecturado pela maioria, baseado no raso raciocínio de que a sua vitória se fundamentou em espertezas pessoais, e não em função de contexto específico. Não custa lembrar que Dilma, com todas as suas limitações, também se elegeu presidente, por razões contingenciais. Em geral, eleição é circunstância. Após a ditadura militar, só Lula elegeu-se – mesmo assim na quarta tentativa – em função da sua trajetória política. Os outros presidentes foram frutos do acaso. Desconfio que Bolsonaro não bate bem da cabeça. Provavelmente, contaremos com abalizados diagnósticos a esse respeito no porvir, quando os estudiosos se debruçarem sobre o tormentoso e escaldante ciclo deste Nero tropical.

Tratar de Bolsonaro não me motiva. O faço desembaraçado de capricho ideológico ou de ranhetice "facebookeana", mas por identificá-lo como ameaça concreta à democracia brasileira. Essa perspectiva já se insinuava durante o processo eleitoral, todavia foi sublimada, no começo do governo, por posicionamentos legalistas de autoridades das Forças Armadas, do STF e do Congresso. Bolsonaro, contudo, é "assim mesmo", conforme ele enfatiza. Incapaz de se adaptar à liturgia do cargo, o presidente somatiza os traumas, que se domiciliam na sua alma tacanha, e se dedica às vinditas. Agora, é a sua vez. Chegou ao Olimpo, atropelando os politicamente corretos, a burguesia iluminista e as esquerdas nostálgicas. Como não possui a menor aptidão para o trabalho administrativo e sequer capacidade de compreensão sobre os assuntos de governo e de estado, para ele, ser presidente é poder potencializar o espírito guerreiro e aniquilar os inimigos. Seus complexos e sua natureza belicosa custarão caro ao país e, possivelmente, a ele.

Recentemente, temos visto, segundo as pesquisas, o refluxo de vários segmentos apoiantes de Bolsonaro, especialmente, aqueles que o fizerem por exclusivos sentimentos antipetistas. Alguns ainda lhe suplicam moderação, na vã esperança de apaziguamento de ânimos. Não podemos descartar a esdrúxula hipótese de vivermos todo o governo Bolsonaro sob um tipo de guerra fraticida, com desgaste terrível para o presidente e com o país em chamas, porém crescendo e se desenvolvendo à revelia da insanidade dos gestos dele. A reforma da previdência está praticamente concluída. As reformas tributária e administrativa assomam-se ao umbral. Não é axiomático, contudo a modernização do estado poderá estimular o crescimento. Nestas quadras estranhas, o país poderá "dar certo" economicamente, a despeito do presidente, ou, até, com ele atrapalhando. Se esse improvável cenário vier a acontecer, estaremos diante de uma situação excepcional na eleição presidencial de 2022, com Bolsonaro em condições de se reeleger, o que significaria aval popular ao comportamento ordinário dele. Imaginem o que ele faria em eventual segundo mandato? Essa conjuntura exigiria das oposições e de setores da sociedade uma percepção do momento histórico similar àquele que se desdobrou na vitória de Tancredo Neves, no Colégio Eleitoral, e sepultou a ditadura militar. Ou seja, se o fundamental for lutar pela democracia e livrar o país de Bolsonaro, as oposições deveriam se entender na busca dos melhores caminhos, através de opções que não se excluam e possam atrair os desertores do bolsonarismo. Nesse contexto, talvez, caibam às esquerdas os maiores sacrifícios. Desde a democratização do país, frações relevantes da esquerda foram contra o Colégio Eleitoral, que sacramentou o fim da ditadura militar, a abertura comercial do governo Collor, que possibilitou acesso a equipamentos e tecnologias modernas, o Plano Real de Itamar Franco, que acabou com a hiperinflação no Brasil, a Lei de Responsabilidade Fiscal de FHC, que brecou irresponsáveis gastos governamentais, e, agora, a Reforma da Previdência, entre outras posições dirigidas, exclusivamente, ao seu público interno e à conservação de um estado demasiado. As esquerdas precisam se reciclar; não podem continuar oferecendo o passado como futuro.

É cedo para especularmos sobre a sucessão presidencial. Se Bolsonaro, no entanto, continuar "assim mesmo" e tiver chances de se reeleger, seria louvável que algumas divisões políticas se negassem ao luxo de apenas "marcar posição". Far-se-ão necessários nímia grandeza dos democratas e das forças alheias ao bolsonarismo e sólido entendimento em torno de escolhas que possam, concretamente, derrotá-lo. Algo, politicamente à la Pacto de Moncloa. Bolsonaro não é o novo "mal maior", como se caracterizou, para muitos, o PT nas eleições passadas. Bolsonaro tornou-se pior do que isso; ele representa um perigo à continuidade do período democrático mais longevo da história do país.

02/08/2019

O futuro é das mulheres

No programa "Conversa com Bial", o divertido sociólogo italiano Domenico De Masi, autor do conceito do "ócio criativo", predisse que, em cerca de dez anos, as mulheres ocuparão 60% da rede universitária e do mercado de trabalho mundial. Vaticinou ainda que elas passarão a priorizar majoritariamente homens mais novos nas recreações entre os sexos e independerão deles para ter filhos. Como consequência, insinuou, o porvir não será auspicioso aos varões, que se sujeitarão a indulgência feminina para obterem farelos de felicidade.

Intuo o mesmo sobre a essência do arrazoado. Por onde olho, vejo mulheres – ressalte-se; com algum grau de independência financeira e emocional – aparentando satisfação consigo mesmas, quando juntas em qualquer ambiente, sem machos para poluí-las e aporrinhá-las. Nos lugares públicos, a tal mesa – absurdamente, considerada pelos homens – de "mulheres sozinhas", como se uma não bastasse a outra e dependesse da companhia masculina, está cada vez mais alegre e ensimesmada em universo próprio. A despeito dos naturais contratempos cotidianos comuns a todos, há um orgulho insólito pulsando no seio feminino, um andar petulante, um olhar com brilhos recém-adquiridos, que não são motivados pela espécie viril, mas, sim, por descobertas e vivências frescas e por sentimentos de liberdade e de emponderamento.

O Homo Sapiens fez a sua revolução cognitiva há cerca 70 mil anos, segundo o professor Yuval Noah Harari, no magnífico livro *Sapiens – Uma breve história da humanidade*. Desde então, com raras exceções, o mulheril ocupou espaços ínfimos na trajetória das sociedades, não obstante, na bíblia cristã, seja uma delas – Eva – a culpada pelo pecado original, o que seria um feito de monta, se verdade. Fake news das antigas. Poucas se tornaram, para o bem e para o mal, reconhecidas historicamente; entre elas, a poetisa Safo de Lesbos, a prostituta Maria Madalena, Maria (mãe de Jesus Cristo), as rainhas de Sabá, Cleópatra, Maria Antonieta e Vitoria, a czarina Catarina, a Grande e Joana D'Arc. As controversas sociedades matriarcais e suas amazonas ampararam-se na mitologia e na historiografia greco-romana, em coquetel de mitos e lendas. Além de emancipadas e poderosas, as amazonas eram, sobretudo, fêmeas guerreiras, que manejavam armas, montavam a cavalo e estavam frequentemente dispostas às refregas marciais. Pentesileia participou da Guerra de Tróia, e o cinturão mágico da sua irmã Hipólita foi um dos objetos dos doze trabalhos de Héracles (Hércules, na versão romana). As amazonas foram associadas a diversos povos da antiguidade. O historiador grego Heródoto localizou a sua origem em Cítia, na Sármacia, hoje possessões iranianas. De acordo com Heródoto, "nenhuma garota sármata se casa até ter matado um homem em batalha". Outros notáveis estudiosos atribuíram gêneses diferentes para as amazonas. Mesmo predominantemente como fábula, o certo é que elas se espraiaram por um montão de terras relevantes, estimulando o imaginário a respeito de beldades insubmissas e autônomas. Nem tudo, porém, pode ter sido fantasia sobre a existência e a alma militar das amazonas. Evidências arqueológicas, entre os sármatas, encontraram 25% de sepulturas de mulheres armadas, quase todas enterradas com seus arcos.

Grosso modo, até o século XIX, as moçoilas – que tinham "sorte" – viviam na dependência econômica e disciplinar dos pais até se casarem, quando passavam para a tutela do marido e assumiam o restrito papel de esposa e mãe. No século XX, abriram-se inéditas possibilidades no ambiente feminil. E a mulherada vanguardista, como Coco Chanel, Isadora Duncan, Josephine Baker, Kiki de Montparnasse, Virginia Woolf, Marlene Dietrich, Frida Kahlo, Simone de Beauvoir, Angela Davis e Madonna, inspirou mudanças de comportamento. Ares renovados também chegaram à política e permitiram que Indira Gandhi, Golda Meir, Benazir Bhutto e Margaret Thatcher, entre outras, alcançassem o poder. Embora ainda, prevalentemente, varonis, os tempos preanunciavam primaveras diversificadas e, até heroicas, com o florescer de "Rosas" Parks, "Kathrines" Switzer, "Valentinas" Tereshkova, "Amelias" Earhart, "Komakos" Kimura, "Mayas" Angelus, "Nadias" Comaneci e "Nises" da Silveira.

No Brasil, praticamente, os direitos básicos igualaram-se. Perduram-se as restrições ao aborto. E permanece a desigualdade salarial, em desfavor das mulheres. Suponho que sejam condicionantes a serem superadas brevemente. Culturalmente, o machismo mantém-se musculoso e somente deve abrandar no correr de gerações. São 70 mil anos de práticas congênitas que não desaparecerão debaixo do tapete de uma hora para outra; se é que vão desaparecer totalmente. Fora do ocidente, prevalecem muitos costumes patriarcais. Os avanços femíneos, contudo, impõem-se inegáveis e justíssimos. Repressões acumuladas, no entanto, podem gerar espasmos de desforra. No bom livro *A vítima tem sempre razão?*, o filósofo Francisco Bosco anota excessos dos movimentos feministas radicais americanos, para os quais qualquer relação entre um homem e uma mulher já se configura abusiva em si. E cita repertório de despropósitos, tal o caso de um rapaz, absurdamente, expulso da universidade por deixar o carimbo de visível "chupão" no pescoço de uma garota, em relação sexual consensual. Curiosamente, não foi a suposta "vítima" que injuriou e reivindicou punição para o adolescente – ela sequer se manifestou –, e, sim, algumas "radfem" (femininas radicais) da escola.

Na verdade, não há mais razões para que as mulheres independentes suportem companheiros inapropriados, incompatíveis, danosos, castradores e desestimulantes, como era habitual no passado. Infelizmente, nem todas podem se dar ao luxo, por limitações econômicas ou prisões culturais, de se livrarem de uniões desanimadoras, indesejáveis e, às vezes, tirânicas. Sexualmente, expandiram-se as liberdades e as opções. Nos centros urbanos, os jovens de ambos os sexos se equilibram nas olimpíadas carnais. Nos folguedos, elas beijam e transam tanto quanto eles e se abrem para experiências homossexuais. Já as damas com mais vivência, casadas ou não, aprenderam a priorizar outros aspectos de suas vidas, minorando a presença masculina. Geralmente, dão a impressão de serem mais felizes entre as amigas, que se mostram sensíveis aos códigos e cosmos partilhados. Aparentemente, conformaram-se: homens – estes primatas bobões – não as entendem. Pior para eles. No limite, quando visitadas por desejo ancestral, pegam um másculo descartável, trocam uns beijos, abusam do corpinho dele e fica tudo certo, sem tormentosos pungimentos. O casamento e a maternidade não são mais finalidades vitais. E homem só serve mesmo para trocar as lâmpadas e matar as baratas.

Para a desgraça dos homens, tudo indica que as previsões de Domenico De Masi se confirmarão. Que Deus apiede-se da nossa insignificância.

08/08/2019

Exercício de Admiração
– The Beatles

O filme "Yesterday" estreará nos cinemas em breve. Pelo trailer, retrata a história de desmemoriamento coletivo sobre a existência dos Beatles, exceto para um singular personagem.

Em 30 de janeiro passado, comemoraram-se os 50 anos da última aparição pública dos Beatles, em uma sessão de gravação improvisada no cocuruto do prédio da gravadora Apple, em tarde brumal e friorenta, tipicamente londrina. Com a participação do "quinto beatle" de estúdio, o tecladista americano Billy Preston – que pode ser visto deslumbrando, no Youtube, ao cantar "My Sweet Lord" no tributo a George Harrison –, o grupo celebrizou cinco músicas – entre elas, a sintomática "Don't Let Me Down" – até a chegada da polícia para acabar com o espetáculo desconsentido. O material foi parcialmente usado no derradeiro disco do conjunto – "Let It Be" – e em filme homônimo, dirigido por Michael Lindsay-Hogg (filho de Orson Welles), que ganhou o Oscar de melhor música original.

Antes de assumir nome e formato definitivos, a banda metamorfoseou-se com vários participantes e denominações, tendo John Lennon como fundador e líder. Em 1957, Lennon formou a The Black Jacks. Paul McCartney achegou-se no mesmo ano, mas o grupo passara a assinar The Quarrymen. George Harrison juntou-se a eles em 1958. E Ringo Starr (Richard Starkey, na certidão de nascimento) foi incorporado em 1962, quando o conjunto já se chamava The Beatles e todos usavam o cabelo "cuia" que os particularizou. O primeiro a ostentá-lo fora o baixista Stuart Sutcliffe, que teve o "telhado" modelado àquela maneira pela namorada Astrid Kirchherr, que, segundo consta, se inspirara no penteado do personagem do ator Jean Marais no filme "O Testamento de Orfeu", de Jean Cocteau. Chancela francesa na rebeldia inglesa. Antes de Sutcliffe deixar a banda e falecer logo após, vítima de hemorragia cerebral, McCartney tocava guitarra rítmica, juntamente com Lennon, enquanto Harrison solava. Os Beatles exibiam-se em clubes e bares de Liverpool e de Hamburgo – só o lendário Cavern Club sediou 292 apresentações – até estourarem em 1963, com o compacto "Please Please Me", que atingiu o primeiro posto na parada inglesa. Na veemência do sucesso, o quarteto fez show no Royal Variety Performance, em Londres, com a presença da família real britânica e da rainha Elizabeth II, o que inspirou o jocoso e famoso comentário de Lennon: "As pessoas que estão nos lugares baratos, aplaudam. O resto pode chacoalhar as joias". Tornei-me um beatlemaníaco precoce. Em 1964, mal eu começara a trocar os dentinhos de leite, meu irmão ganhou do nosso cunhado o segundo compacto comercializado no Brasil, pela gravadora Odeon, com as músicas "I Want To Hold Your Hand" e "She Loves You", que eu ouvia e dançava freneticamente, tremelicando as pernas à la Elvis Presley e sacudindo fantasiosa cabeleira inexistente, para a ledice familiar. Daí em diante, interiorizou-se fiel veneração.

Em primeiro de fevereiro de 1964, o single "I Want To Hold Your Hand" alcançou o primeiro lugar de vendas nos Estados Unidos, antecedendo a chegada dos garotos de Liverpool ao aeroporto de Nova Iorque uma semana depois, onde eram esperados por cerca de três mil idólatras, a maioria moçoilas "histéricas" que alicerçaram o movimento denominado "Beatlemania". Em 9 de fevereiro, os Beatles apareceram no programa televisivo The Ed Sullivan Show, obtendo audiência estimada em 74 milhões de pessoas, metade da população do país na ocasião. Quarenta e oito horas após, a banda fez o pioneiro show público em território americano, no Coliseum de Washington. Conquistada a América – o maior mercado fonográfico do planeta –, o céu era o limite.

Provavelmente, os Beatles – com John, Paul, George e Ringo – foram o maior fenômeno musical de todos os tempos, sobretudo se considerarmos a brevidade da sua existência, em um período em que as comunicações não tinham a instantaneidade e a potencialidade propulsora dos dias atuais. A rigor, mantiveram-se juntos, divinizados, por aproximadamente apenas sete anos, embora nunca tenham se demitido das nossas almas e mentes. Talvez, por isso, nem nos damos conta de que, como grupo, eles viveram tão pouco. The Rolling Stones pegaram a estrada em 1962 e embruxam até hoje. Mais assombroso ainda é constatar que, fisicamente, os Beatles só se exibiram – já acariciados pela glória – por cerca de três anos e meio, quando se mostraram ao público pela última vez, em 29 de agosto de 1966, no Candlestick Park, em São Francisco (EUA), completando 250 shows na fase da fama. Depois, até o disco "Let It Be", lançado um mês após McCartney ter anunciado o fim da banda, em 10 de abril de 1970, ocorreram somente gravações. Filmes, como "Os Reis do Iê, Iê, Iê", "Yellow Submarine" (desenho) e "Help", que assisti a duas sessões seguidas, os mantiveram "presentes" no imaginário, quando eles já estavam "recolhidos". As inesquecíveis capas dos discos "Sgt. Pepper's Lonely Hearts Club Band" e "Abbey Road" adubaram o idêntico propósito de avivá-los. Esta última, inclusive, adquiriu adornos míticos. A imanência dos Beatles das nossas vidas vai além das extraordinárias e revolucionárias canções que eles nos legaram. Os Beatles foram também elementos culturais hiperbólicos nos especialíssimos anos 60. E ajudaram a corporalizar o que definimos como espírito da juventude, que começou a ser rascunhado, na década anterior, por músicos como Elvis Presley e Little Richard e por atores como Marlon Brando e James Dean. Até então, havia jovens, todavia sem a identidade tribal. Basta olhar qualquer vídeo da época, para constatar entusiasmo e endeusamento inéditos por parte dos fãs. Nunca acontecera nada igual.

   Atribuem-se motivações variadas para o fim da banda – entre outras, o falecimento do empresário Brian Epstein, que sabia administrar os egos, a insatisfação de George com o não aproveitamento de suas músicas e a intromissão de Yoko Ono nas gravações. Com as mortes de John e de George e, principalmente, pela incomensurável grandeza da obra, pouco importam as razões. Em 2020, completar-se-ão 50 anos que o "sonho acabou", como decretou equivocadamente John Lennon, sem imaginar que o sonho, na verdade, nunca terminaria e que os Beatles se precipitariam pela eternidade.

25/08/201

Divagações sobre a elegância

Parafraseando Vinicius, as bonitas que me perdoem, mas a elegância é fundamental. De acordo com os dicionários, a elegância é, entre outras coisas, "a harmonia e a leveza nas formas", "um procedimento que revela cortesia e distinção" e "uma expressão de bom gosto e de requinte estético". Pelo senso comum, ela manifesta-se por propriedades de porte, de comportamento, de estilo e de cultura; às vezes, superpostos. Conforme o poeta Paul Valéry, "elegância é a arte de não se fazer notar, aliada ao cuidado sutil de se deixar distinguir". A fineza exibe inúmeras facetas, porém é, essencialmente, discreta, mesma quando transbordante. Muitos a confundem com os trapos e as araras susceptíveis ao poderio econômico. Nada a ver. Um tatu de echarpe não se torna necessariamente em algo atraente, devido ao acessório. "Dinheiro ajuda a tomar café na cama. Estilo ajuda a descer uma escada", ensinou a sacerdotisa do chique Diana Vreeland, ex-editora das bíblias *Vogue* e Harper's Bazaar. A elegância mostra-se nata e não se compra, embora os que já a desfrutam, naturalmente, possam envernizá-la. É a singularidade que mais me sensibiliza.

Na dominical revista *Ela*, li que a consultora de moda Costanza Pascolato, epítome do atributo, completará 80 anos no próximo dia 19. Nascida em berço aforado, ela pôde se dar ao luxo de polir o alinho congênito, todavia muitos não tiveram esse privilégio circunstancial, como a irretocável Fernanda Montenegro, carioca do Méier. A nossa maior atriz não se destaca somente pela exuberância dramatúrgica. Ela também é porta-bandeira de civilidade invulgar. Variante tipo de donaire se reflete, por exemplo, nas atrizes Mariana Ximenes, Ângela Vieira, Débora Falabella e Nathalia Timberg, que, no momento e não por acaso, representa no palco a designer e ícone fashion americana Iris Apfel na peça "Através da Iris". Nas telonas e telinhas de ontem e de hoje, derramam-se o charme de Sean Connery, David Niven, Cary Grant, Sidney Poitier, Morgan Freeman, Rodrigo Santoro e George Clooney, que forma com a mulher Amal um dos casais mais apurados do planeta. Meryl Streep e Catherine Deneuve, assim como a nossa Fernanda Montenegro, congregam talento excedente e elegância. E o que dizer da hipnotizante sofisticação de Cate Blanchett? Estimula ida ao cinema para vê-la qualquer que seja o filme. Sem falarmos nos hour concours Fred Astaire e Audrey Hepburn. Aliás, é dela o abalizado veredito: "A elegância é a única beleza que nunca desvanece".

Na moda, Coco Chanel e Yves Saint Laurent extrapolaram em seus ofícios por serem as essências dos próprios trabalhos. "A simplicidade é a chave da verdadeira elegância", predicou ela. "Sem elegância no coração, não há elegância", afirmou ele. Giselle Bündchen atravessou décadas como a maior manequim do seu tempo não foi à toa. Com altivez monárquica, ela extrapolou os parâmetros de qualificação da profissão. Na abertura dos Jogos Olímpicos do Rio, o mundo a viu arrastar, no Maracanã, o seu classudo gingado por infindáveis 120 metros, ao som da clássica "Garota de Ipanema", de Vinicius de Moraes e de Tom Jobim, que nunca emitiu uma nota musical grosseira. Tom era da estirpe de Cole Porter, de Jerome Kern e dos irmãos Gershwin; requintados acima de tudo, como Diana Krall. A história da música brasileira, aliás, acomoda vários compositores elegantíssimos, tais quais Pixinguinha, Ataulfo Alves, Cartola e Paulinho da Viola, para citarmos apenas alguns de raiz popular, confirmando que graciosidade independe de origem e de conta bancária.

Até nos embates esportivos há espaços para a airosidade. Particularmente, tirante a consagrada trindade Pelé, Messi e Maradona e a minha idolatria por Zico, dos atletas que vi jogar, sempre admirei mais o desfile dos esbeltos de cabeça erguida do que a eficiência dos goleadores. Beckenbauer, Zidane, Ademir da Guia, Falcão, Sócrates, Tostão, Alex, Iniesta, Pirlo e Juan encantavam-me pela graciosidade em campo. Jogavam de terno, como dizem os boleiros. Mesmo em um esporte violento como o boxe, apareceram os bailarinos Cassius Clay e Sugar Ray Leonard.

Com intrínseca característica inquisitorial, o jornalismo diário não é ambiente propício à elegância. A escola americana do "new journalism", que tingiu a reportagem de cores literárias, ensejou a aparição de dublês de jornalista e escritor com afetações caricaturais de finesse, como Truman Capote, Tom Wolf e Gay Talese. Todos escritores maravilhosos, no entanto personagens de si e da vibrante cultura americana, como a Pop Art. No Brasil, Zózimo Barroso do Amaral e Renato Machado, entre outros poucos, colaram-se à distinção por unanimidade. Durante anos, o comediante Jô Soares comandou um talk show, entrevistando personalidades diversas. Frequentemente, o inteligente, culto e gorducho Jô brilhava nas listas anuais dos homens mais elegantes, libertando o conceito da limitação apolínea. Para mim, diferenciada é a jornalista Dorrit Harazim, com a sua visão moderna e humana, um texto luminoso e a suprema elegância de manter prestigiosa e original coluna semanal e nunca escrever sobre si.

Nos descaminhos conceituais que se meteram em busca de novas identidades, após o modernismo, as artes plásticas afastaram-se da elegância, que, de modo geral, configura-se afirmativa por si mesma, e, não, contestatória. Excepcionalmente, encontramos, hoje, delicadezas e lirismos de um Johannes Vermeer, de um Marc Chagall e de um Gustav Klimt. Atualmente, prevalecem os trabalhos viscerotômicos. Expurgar demônios é orgânico na atividade artística, entretanto não lubrifica, por si, a qualidade e a formosura da obra. Podemos adorar Hieronymus Bosch e Francis Bacon, contudo não vemos elegância em suas telas.

A política também é terreno hostil à nobreza comportamental. A Revolução Francesa foi um divisor de águas na história da humanidade. Desde então, os modos refinados passaram a ser malvistos, identificados às elites opressoras. A luta pelo poder e pela sua manutenção inspira condutas e escaramuças abomináveis, muitas naturalizadas e brutalizadas. Neste métier, poucos escapam das sombras da deselegância. O casal Obama é uma das exceções. Aqui, o Congresso, com as suas criaturas disformes, sintetiza o nosso retrato. Com a ascensão de extravagantes líderes mundiais, a percepção que temos é de degeneração no quesito. No Brasil, nem se fala.

De quantas Costanza Pascolato precisaremos para nos salvar?

05/09/2019

Pragmatismo partidário desqualifica a política

Não somos íntimos, mas conheço e admiro o arquiteto Washington Fajardo, que é inteligente, preparado, antenado e desfruta de distinta visão de raios X sobre os problemas urbanos. Inflamado por comichões próprios e estímulos de círculos políticos e sociais excomungados dos atuais centros oficiais de mando, Fajardo anima-se em tentar viabilizar, como outsider, a sua candidatura à Prefeitura do Rio. Certamente que, pela expertise e vivência administrativa, ele pode contribuir para resgatar a cidade da degradação entalhada pelo desgoverno Marcelo Crivella. Apesar de dispor de experiência governamental e de espírito público – o que não é pouco –, falta-lhe traquejo político-partidário, como atestam as suas próprias mensagens aqui no face. Em recente post, ele questiona "as lógicas estranhas" perpetuadas pelos partidos na seleção dos seus postulantes e defende "candidaturas independentes", espelhando as dificuldades que, provavelmente, vem tendo para consolidar as suas pretensões. Não obstante ser competente e bem-intencionado, Fajardo é noviço politicamente, o que não deprecia ninguém, todavia limita investimentos em sonhos tão gigantescos. Neste terreno, o jogo faz-se brutal. Em eleições, os agrupamentos políticos movem-se, pragmaticamente, em torno de projetos de poder, lixando-se para a qualificação e a sanidade dos seus representantes. O importante é que os quadros exalem perspectiva de muitos sufrágios. Desenhando: os partidos interessam-se pelos, aparentemente, densos eleitoralmente, e não necessariamente pelos melhores, que, por sua vez, se esquivam da política por causa da criminalização generalizada que a ensombra.

Socorro-me das circunstâncias de Fajardo não para me ater ao caso dele, mas, sim, especular sobre certos aspectos e fantasias dos processos eleitorais. Constantemente decepcionada com os nossos representantes públicos, a oclofóbica "burguesia iluminista" sensibiliza-se com alienígenas do universo político. Ela aprecia os bedéis da moralidade, os salvadores da pátria, os surfistas de ondas hertzianas, os mascates da autoajuda pleonástica e as "compotas jurídicas" (apud Leonel Brizola). Em suma, alguém de fora da "nojeira" da atividade. Comumente, a imprensa abana esses manequins afeitos à sua clientela. No Rio, por exemplo, para êxtase dos moradores da Lagoa e adjacências, quem já não ouviu falar de lucubrações de supostas candidaturas de "castos" tais quais Bernardinho, Armínio Fraga, Joaquim Barbosa, Sergio Moro e Luciano Huck a relevantes cargos executivos? Supondo-se que todos sejam expoentes em seus ofícios e pessoas maravilhosas, é ilusório se achar que, sem suporte empírico, eles sejam talhados para funções governamentais tão imodestas. Alguns têm até tarimba no serviço público e conhecem as manhas das rebeldes engrenagens. Outros, nem isso. O que faz que associemos bernardinhos, barbosas e hucks, sem nenhuma vivência política, a sucesso à frente de governos? Nada, exceto a frustração com a tradicional classe política. É óbvio que eles também não podem, automaticamente, ser excluídos por apenas margearem o ambiente político. Curiosamente, depois das marolas midiáticas, dos narcisismos tonificados e dos banhos de sensatez, os outsiders acabam sempre refutando as oportunidades de se medirem nas urnas. Por mais faculdades que reúna, o fato de alguém ser exitoso em uma profissão não o credencia, reflexamente, a reinar no comando de empreendimentos governistas. Seria Pelé um grande presidente da República? E Silvio Santos? Liderar governos, pelas complexidades que se avolumam, torna-se a cada dia mais penoso, inclusive para os capazes administrativamente e os malabaristas políticos; virtudes que a quase totalidade das gentes não compartilha. Governos afortunados são exceções, aqui e alhures. Governos insuficientes exabundam e prevalecem.

Pressupõem-se que em torno de um governo fecundo haja favoráveis condições externas, economia estável ou pujante, lastro social, bons administradores, amparo legislativo e pacificação entre os poderes. Essa construção é dificílima de se edificar, principalmente por gente que despreza os protocolos políticos. Em conjuntura econômica favorável, sem um ou outro arrimo, é possível se tocar um governo com eficácia. Sem a maioria deles, porém, é impossível. A incompatibilidade entre os poderes Executivo e Legislativo é o caminho mais curto para a esterilidade administrativa. Ocasionalmente, essa relação ceva-se de promiscuidades. Em democracia, contudo, não há como fazer as coisas progredirem, se essas instituições não dialogarem. Não adianta se eleger um notório pregoeiro da moralidade, se ele não tem capacidade de articulação política para fazer o governo avançar. E, quando os governos não prosperam, quem mais sofre são os já desamparados socialmente. Por outro lado, tampouco adianta eleger hábeis ratazanas que irão corroer o erário, para suplício da população.

Há cargos eletivos para todos os perfis. Portadores de bandeiras específicas – e, às vezes, minoritárias – encaixam-se melhor no Legislativo. É natural que um crente e um homossexual votem espelhados em si para o parlamento, pois é lá que os seus valores e as suas causas reverberam. Lá também é a morada do voto simbólico. "Mulher, negra e favelada", Benedita da Silva elegeu-se, gloriosamente, senadora e deputada, sem ostentar, publicamente, nenhuma credencial adicional. A mesma alegoria, porém, não foi suficiente para conduzi-la ao Palácio da Cidade em duas tentativas, pois pleitos legislativos e executivos seguem, normalmente, lógicas diferentes. Por diversas razões, um político pode reunir atributos para determinado cargo, e não os ter para outro. Não faz sentido, entretanto, se votar para cargos majoritários (prefeito, governador e presidente) apenas por identidade. O que acham, hoje, os evangélicos da (indi)gestão Crivella? Alheios às nuances, os partidos tendem a empurrar para as disputas executivas os funcionários mais nutridos eleitoralmente, a despeito da qualificação e da adequação deles. O importante é empalmar o poder a qualquer preço ou jogar para as suas plateias, fortalecendo os vínculos com os simpatizantes. Em tese, um bom candidato majoritário haveria de congregar competência administrativa, destreza política, sensibilidade social, arraigada convicção democrática, respeito às divergências e às minorias e compreensão da sua época. Quem está interessado nisso? Os partidos, seguramente, não. Por isso, hipoteticamente, entendo que candidaturas avulsas possam vir a serem consideradas, sob certas condições restritivas. Seria complicado regulamentá-las, todavia elas não deveriam se beneficiar de fundos eleitorais nem de tempo na TV, privilégios dos partidos, para inibir postulações exclusivamente oportunistas.

18/09/2019

Lula livre e jornalistas brigões

Em menos de 24 horas, quatro conhecidos jornalistas envolveram-se em pugilatos físicos e verbais. A pugna Augusto Nunes com Glenn Greenwald, no programa "Pânico", teve como pano de fundo a política. Já o arranca-rabo de Mauro Cezar com Gian Oddi, no esportivo "Linha de Passe", alicerçou-se em preferências clubistas. Augusto e Glenn são profissionais renomados. O brasileiro foi um dos coringas da *Veja*, no período áureo da revista. Por sua vez, o americano ganhou o Prêmio Pulitzer, um dos mais valorados do jornalismo mundial.

Descrente da natureza humana, interesso-me pouco pelos motivos de cada um nessas refregas. Todos terão razões para apresentar em suas defesas e animar os admiradores. Desculpas convenientes e insinceras vieram à tona, para tentar justificar excessos e cafajestagens. A turma do "nós contra eles" condena a agressão de Augusto. Já a galera do "eles contra nós" a aplaude. Flamenguistas doentes supostamente aprovam as desconfianças e os destemperos do rancoroso e belicoso Mauro Cezar. Palmeirenses de carteirinha abraçam o civilizado e simpático Gian Oddi, que reagiu as insinuações do companheiro de bancada sobre manipulações da arbitragem em favor do "Verdão". O cardápio das desavenças resume-se a esquerda/Lula contra direita/Bolsonaro, e a Flamengo versus Palmeiras, os times que se habilitam a ganhar o Brasileirão 2019. Nada muito original.

Desde os nossos primórdios, vivemos em tribos, por instinto de sobrevivência. Gostamos de estar juntos e celebrar identidades comuns. O que somos, contudo, é, basicamente, aleatório e não superior em si. Como sacramentou o filósofo Ortega Y Gasset, "eu sou eu e minhas circunstâncias". Se crentes como a grande maioria das gentes, podemos adotar qualquer religião, dependendo do ambiente em que nascemos e vivemos. As religiões em si, portanto, não são distintivas comparativamente. Nada atesta que um evangélico reúna mais valores do que um espírita, que um católico seja melhor do que um mulçumano. Se alguém professa uma crença, é porque ela está no horizonte de possibilidades, e não por exceder as demais. Dificilmente, por exemplo, encontraremos adeptos do candomblé no Japão. Lá, encontramos, primordialmente, xintoístas e budistas e um punhado de católicos, resquício do trabalho de jesuítas portugueses no século XVI. Assim é com quase tudo que nos caracteriza, sem ser congênito. Se sou Flamengo, é por influência familiar e ter nascido no Estado do Rio. Se tivesse nascido no Estado do São Paulo e o meu pai fosse Corinthians, eu provavelmente seria corintiano. Se eu tivesse nascido nas Ilhas Samoa, talvez nem apreciasse o futebol, mas, sim, o rugby. Simples assim. Essa espécie de contingência prevalece em praticamente tudo o que somos. Um funcionário público encontra mais razões na existência de um estado forte do que um profissional da iniciativa privada. É normal que seja desse modo. Comumente, um jovem com inclinações para as ciências sociais tende mais à esquerda do que outro vocacionado para as ciências exatas. Em 1968, um indivíduo poderia desfraldar bandeiras maoistas na França democrática, no entanto ser anticomunista, se vivesse sob os opressivos regimes ditatoriais da China e da Cortina de Ferro. Quando nos envolvemos com alguém ou alguma coisa, é porque uma condicionalidade se transformou em realidade. Em suma, a casualidade tem um peso fundamental naquilo que todos somos. E o que somos não carrega superioridades latentes. É obvio que há distinções natas. Uma pessoa pode desfrutar de inteligência estremada, exibir talento musical incomum e saber beijar. Hipoteticamente, ela poderia ser católica, botafoguense e de esquerda. Mas, poderia ser também evangélica, vascaína e de direita. E ainda poderia ser ateu, desgostar de futebol e não alimentar preferência política.

Diversas das nossas escolhas fortuitas revestem-se de paixão e, às vezes, de nefasta irracionalidade. Os desentendimentos caricaturais dos jornalistas supracitados – em tese, cidadãos civilizados – refletem o deprimente clima de faroeste que infesta e contamina a sociedade brasileira pelo enxurro do espírito grupal. Com Lula livre, a princípio, as crispações tendem a aumentar, por euforia de parte da esquerda e inquietação de setores direitistas, principalmente aqueles vinculados ao bolsonarismo. O momento privilegia o aquecimento da loucura. Caberá às forças moderadas e ao próprio Lula maneirarem, pois um acaloramento do ambiente é tudo que a extrema-direita deseja. Uma convulsão à la Chile seria dar a Bolsonaro o pretexto que ele quer para intentar uma ditadura no Brasil, como insinuou o filho zero qualquer coisa. Goste-se ou não de Lula, condene-se ou não a sua libertação, Lula é o mais diferenciado político brasileiro. Com a imposição da sua liberdade, para os democratas, o pragmático, por ora, seria vê-lo como aliado contra os pendores autoritários de Bolsonaro, desde que ele não anime insanidades piromaníacas. Lula tem que conter os seus aloprados, já que Bolsonaro estimulará os dele. Um conflito social desequilibrado só tende a beneficiar a extrema-direita e os defensores do fim da democracia. No momento, a correlação de forças é totalmente desfavorável a esquerda. Pela sua experiência e sabedoria política, acredito que Lula não conduzirá os simpatizantes à uma desventura, com graves desdobramentos para o país. Agora, é natural que os lulistas festejem a alforria do seu líder. A hora, porém, é de manter a serenidade, baixar a poeira e construir alternativas eleitorais palatáveis para 2022.

08/11/2019

Questionando as políticas identitárias

Costumo apreciar as corajosas inteligências dialéticas desafiantes do senso comum, das vagas moralistas e do politicamente correto. Isso não significa que referende, necessariamente, todas as refutações e tenha opiniões iluminadas e sublimes sobre os assuntos. Não sigo doutrinas nem modismos, não me sensibilizo com o simplismo das hashtags nem com as interjeições dos perplexos. Prefiro errar com a minha própria cabeça. Valorizo também as críticas de "dentro", daqueles que as fazem inseridos ou próximos ao contexto apreciado. Por exemplo, interessam-me mais os reparos feitos pelos "direitistas" Carlos Andreazza e Reinaldo Azevedo à Lava Jato e ao bolsonarismo do que os empreendidos por lulistas e esquerdistas, em geral. Igualmente, priorizo esquerdistas condenando as cincas dos aparentados, como faz Daniel Aarão Reis em relação às impropriedades de Evo Morales na gestação da crise boliviana. No jornal *O Globo*, para ficarmos somente no âmbito dos colaboradores, leio com semelhante atenção Carlos Andreazza, Demétrio Magnoli, Nelson Motta, Cacá Diegues, Fernando Gabeira e Daniel

Aarão Reis. Não me obrigo a concordar com eles, porém são todos inteligentes e argumentativos. Gente que defende os seus pontos de vista com lucubração intelectual, e não por motilidade intestinal.

Recentemente o antropólogo Antonio Risério lançou o livro *Sobre o Relativismo Pós-Moderno e a Fantasia Fascista da Esquerda Identitária*, pela editora Topbooks. O título resume o escopo da obra, e o autor, de centro-esquerda, enfrenta – desassombrado e com retórica afiada, referências históricas e fundamentos instigantes – o folclórico politicamente correto e os grupos que o sustentam. Risério inspirou-se confessadamente no livro *A vítima tem sempre razão?*, do filósofo Francisco Bosco, que aborda as lutas identitárias à luz do reformado espaço público brasileiro. Os trabalhos dos dois formuladores esquerdistas são envolventes e questionam os excessos do politicamente correto e do império identitário, que ofuscam o eixo econômico-social na agenda das "novas" esquerdas. Risério sintetiza: "A ênfase total na luta de classes levou os novos movimentos sociais a se afastarem do marxismo e, logo, da esquerda canônica, tradicional. Foram todos então gerar esta esquerda pós-moderna, cultora do relativismo e do multiculturalismo, voltada novidadeiramente para combates particulares, não mais para o horizonte maior da transformação geral da sociedade e da construção de um mundo novo. Projetos revolucionários totalizantes ficaram para trás – restou apenas a vocação para o totalitarismo". Segundo ambos, esses singulares vetores plantaram-se, com tingimentos radicais, sobretudo, nos ambientes universitários do Brasil e dos EUA. Sumarizando, o livro do filósofo é mais contemporizador, o do antropólogo, mais afervorado.

Bosco e Risério abordam os exageros dos movimentos feministas – notadamente, das radfems (feministas radicais) – sem comiseração. O filósofo empilha histórias absurdas, como o caso de rapaz expulso de universidade americana, por pressão das radfems, ao carimbar um chupão no pescoço de uma aluna em relação sexual consensual. Pior; a suposta "vítima" não se queixou de nada; toda a marola censória e punitiva foi bradada por radfems, muitas das quais sequer conheciam a moça. Na essência, para as radfems, de acordo com Bosco, toda a relação heterossexual já é "abusiva, ilegítima, violenta e imoral" em si. A notável ensaísta americana Camille Paglia define as radfems como "puritanas fanáticas" e acha que "o feminismo não pode ser lugar de mulheres com ódio de homens". Risério observa: "Esse neofeminismo é uma degeneração grotesca do feminismo original da contracultura, na década de 60, cujo libertarismo espalhou-se por quase todos os cantos do mundo. E sob o signo da revolução sexual, que hoje horroriza o neofeminismo puritano, fundado no combate ao desejo e na repulsa ao sexo heterossexual ... O que foi libertário, na contracultura, hoje se fecha em puritanismo pétreo. Em aversão ao corpo, aos jogos amorosos, à exuberância narcísica, aos prazeres sexuais". E o antropólogo acrescenta: "Assim como a luta contra a discriminação racial veio a dar no racifascismo neonegro, a luta pela igualdade entre os sexos encalhou nesse feminismo ao mesmo tempo rubramente belicoso e palidamente assexuado, ou confinado ideologicamente a navegações lésbicas... Hoje, paradoxalmente, todo 'neo' parece condenado a ser sinônimo de retrocesso". O célebre manifesto das 100 francesas, capitaneado pela icônica atriz Catherine Deneuve, teve nítido propósito de se distinguir do inquisitorial neofeminismo norte-americano. As francesas quiseram marcar posição contra a cruzada do #*Me Too* e a sua assepsia sexual. Diz o texto, contundentemente: "Como mulheres, não nos reconhecemos neste feminismo que, além de denunciar o abuso do poder, incentiva o ódio aos homens e à sexualidade... Essa febre de enviar porcos ao matadouro, longe de ajudar as mulheres a serem mais autônomas, serve realmente aos inimigos da liberdade sexual, dos extremistas religiosos, dos piores reacionários". Nesta disputa, que se toque "La Marseillaise". Avançar com as demandas do movimento feminista urge, contudo não pode ser em troca de revanchismo avoengo. A luta primordial é pelo igualitarismo em todos os sentidos. A questão do assédio sexual faz-se importantíssima e merece vigília permanente, mas é, no mínimo, duvidosa a ressureição de nublados contextos passados pelos padrões comportamentais vigentes.

Há dias *O Globo* reproduziu matéria do *New York Times* sobre a exposição "Retratos de Gauguin", na National Gallery, em Londres, na qual uma burra e moralista curadoria insinua inconveniências do artista com adolescentes na sua passagem pelo Taiti. Diz um dos textos na parede: "Gauguin, sem dúvida, explorou sua posição como ocidental privilegiado para aproveitar ao máximo as liberdades sexuais disponíveis para ele". E para todos os demais, suponho. E mais: "Gauguin manteve repetidas relações sexuais com meninas, 'casando' e tendo filhos com duas delas". Ora, ora, quanta asnice! Naquelas lonjuras, onde Gauguin viveu cerca de 12 anos, se o extraordinário artista estivesse maculando as regras locais de convivência ou danando famílias, provavelmente teria sido morto por pai ou irmão "desonrado". Relações e casamentos com adolescentes eram comuns em tempos passados – e ainda são em algumas nações da África (Níger, Bangladesh e Guiné) e de outras plagas. A expectativa de vida era muito menor e as religiões incentivavam os conúbios prematuros. Na nobreza, essa era a norma de conveniência. A famosa Maria Antonieta – a dos brioches – maridou-se com o delfim Luís XVI aos 14 anos. Hoje, no tecnológico Irã, pela lei, meninas e meninos podem se casar com 13 e 15 anos, respectivamente, e com menos de dez sob a anuência dos responsáveis. A UNICEF estima que um milhão de adolescentes e petizes casam-se, anualmente, no Irã. Em suma, basta dar uma "googlada" para se inteirar deste amplo universo milenar de relações juvenis. Mesmo que Gauguin, morto há 116 anos, fosse um notório canalha, qual é o propósito de tentar enxovalhá-lo em evento celebrativo do seu fabuloso legado artístico? Pelo crivo anacrônico do politicamente correto – alerta Nelson Motta –, como lidaremos com os trabalhos de gênios tais quais Baudelaire, Picasso, Leonardo da Vinci e outros? Entregaremos a "Mona Lisa" para os talibãs da pós-modernidade a destruírem?

Voltando ao livro de Antonio Risério. O antropólogo baiano investe pesado contra os despropósitos do que ele classifica como a "bolha neonegra" e o "afro-oportunismo". Para o antropólogo, circunstâncias e abalos ancestrais, mesmo que relevantíssimos, não justificam certos posicionamentos presentes de segmentos historicamente discriminados. Diz ele: "Os identitários parecem não conseguir (nem desejar) se desprender do desenho da caverna onde seus pares arquetipais foram um dia fixados. Não aceitam sequer a ideia de se descolar da cena traumática inaugural". Para fazer o contraponto, Risério socorre-se do falecido psiquiatra, marxista e militante negro Frantz Fanon, que se situa no livro *Pele preta, máscaras brancas*: "Não vou fazer de mim mesmo o homem de qualquer passado. Minha pele preta não é um depósito para valores específicos. Não tenho coisas melhores a fazer nesse mundo do que vingar os pretos do século XVII?... Eu, como homem de cor, não tenho o direito de esperar que venha a existir, no homem branco, uma cristalização de culpa com relação ao passado da minha raça... Não quero ser vítima das regras de um mundo negro". O antropólogo ampara-se também no respeitado historiador Joel Rufino dos Santos, especializado em cultura africana: "Os movimentos negros trabalham politicamente o ressentimento, o tom do seu discurso é a mágoa (ou a raiva) pela pouca consideração do branco". Ilustrando com fatos, Risério lembra da participação de próprios negros no incremento da escravidão e na exploração de negros por negros, como a rainha Ginga (ou Nzinga) usando suas escravas à guisa de poltronas, "sobre cujos dorsos nus ela se sentava durante horas". E ressalta que, após a descolonização da África, as coisas não melhoram em vários países, transformados em um "rosário de ditaduras corruptas, com elites negras riquíssimas e massas negras sofrendo também na pobreza e na ignorância". Ele recorda ainda dos casos caricaturais de intolerância, como a "ira identitária" que se abateu sobre o filme "Vazante" de Daniela Thomas e o veto à atriz Fabiana Cozza para interpretar Dona Ivone Lara em musical, por não ser considerada suficiente negra no juízo de "coletivos racialistas neonegros". O colorismo desdobra-se em outras abordagens ácidas, com foco na segregação de mulatos por negros e no escurecimento de adequação, exemplificado em Machado de Assis. Na verdade, a temática racial é delicadíssima e não cabe em reducionismos, devido a inúmeras nuances. A brutal e vergonhosa discriminação racial é fato que muitos não têm condições de avaliar em todas as extensões, sobretudo aqueles que não a vivenciam no cotidiano. O racismo configura-se abominável e indesculpável, como qualquer preconceito. É certo que alguns movimentos negros extrapolam e tangenciam um racismo às avessas. Pode ser até compreensível, todavia não justifica, e é estrategicamente um desastre. Bom foi saber que os negros já são maioria nas universidades públicas brasileiras.

O antropólogo desanca ainda com o bizarro "lugar de fala". "Lugar de fala designa um gueto de amantes do apartheid onde só os perfeitamente idênticos a si mesmos têm direito à voz", observa ele. Risério recorre ao professor Fernando Coscioni: "Para ter legitimidade no que diz, você precisa ser pertencente a um desses grupos de 'oprimidos', com 'fala legítima' senão, mesmo que você diga algo razoável, você será escorraçado como 'opressor'". O esdrúxulo "lugar de fala" é repelido também, por parábola, com a ajuda luxuosa da tese da "miniaturização" do indiano Amartya Sen, professor de Havard, no admirável livro *Identidade e Violência*. A rigor, essa bobajada nem precisava da tese de um Prêmio Nobel para ser contestada; bastaria o assombro do meu libertário vizinho Jorge Mautner – "Quem inventou essa loucura?".

Risério dedica-se a outros sectarismos dos identitários – "caricaturas de revolucionários", na avaliação dele –, às vezes com radicalismo proporcional. E não vê sentido, por exemplo, no pote de palavras criadas para expressar a diversidade homossexual contemporânea. A propósito, eu acho que um dos maiores atributos do bem escrito e divertido livro *Criaturas Que O Mundo Esqueceu*, do pesquisador e jornalista João Carlos Rodrigues, é tratar a fauna homossexual com a nomenclatura original, sem concessões ao politicamente correto. As análises de Risério sobre a indiferença dos artistas identitários – "debutantes mentais", na medição do autor – com a qualidade, em favor da lógica afirmativa, são intrigantes. Para quem gosta das celeumas atuais, vale a pena ler o livro do corrosivo antropólogo. Sou susceptível ao espírito das críticas de Risério, embora não as avalize na integralidade. Fico à vontade de não endossar as loucuras e as posturas intimidatórias das forças identitárias, pois há cerca de cinco décadas defendo todas as causas do que se convencionava chamar de "minorias". Para mim, o pior – de identitários ou não – é a incorporação de virtudes infusas por gente que, por quaisquer razões, imagina envergar princípios superiores e incontestes. E o mundo está cheio delas.

P.S. Na página 189 da segunda edição revisada do seu livro *Sobre o Relativismo Pós-Moderno e a Fantasia Fascista da Esquerda Identitária*, o antropólogo Antonio Risério incorporou extratos do texto acima.

24/11/2019

Ainda há cinema com Allen e Scorsese

Para contentamento dos cinéfilos, estão em cartaz filmes de Woody Allen e de Martin Scorsese, dois dos maiores diretores da memória cinematográfica. Na minha subjetividade, não são os supremos Allen e Scorsese; porém, como se diz, quaisquer Allen e Scorsese distinguem-se em comparação a quase tudo, sobretudo na atual temporada de super-heróis e quejandos.

Há mais de 50 anos, como diretor e ator, Allen marca presença com o seu mundo particularíssimo, o que o transformou também em figuraça. Em "Um Dia de Chuva em Nova York", ele volta a homenagear a sua pátria, em uma espécie de "Manhattan 2". Allen não é americano; ele é nova-iorquino. Nasceu há 84 anos – completados ontem – no Brooklyn, mas foi possuído pelo espírito iconográfico de Manhattan, onde dimana imaginário de riqueza, sofisticação, cultura, cosmopolitismo e locais alegóricos. Ele afigura-se em intelectual epicurista desse universo, e ama retratá-lo, mesmo que seja para ironizá-lo. Allen associa-se à linhagem, artisticamente, aristocrática de Cole Porter e de F. Scott Fitzgerald. Não esperemos dele abordagens de brejos sociais e de indulgências ao politicamente correto. Em geral, em seus filmes não trafegam misérias conjunturais, só – quando muito – humanas. Comediante essencialmente, é cineasta de levezas e sutilezas.

"Um Dia de Chuva em Nova York" constitui-se em mais um divã para Allen desfilar as obsessões artísticas e pessoais em narrativa desengonçada, em que algumas sequências parecem descosturadas e dispensáveis. A história tem início, meio e fim, contudo é levada aos soluços – como quase tudo assinado por Allen –, em um tipo de colagem de esquetes emancipados que privilegia textos e atores em detrimento do enredo, como no quadro no qual os personagens de Jude Law e de Rebecca Hall acertam contas sobre as suas infidelidades conjugais. Outras ações ambientam-se em paraísos de referência para Allen, como a que reúne os atores Timothée Chalamet e Selena Gomez flanando pelas salas dos pintores impressionistas franceses do Museu Metropolitan, enquanto se fustigam verbalmente. Se não mostra, o diretor faz questão de citar lugares reverentes para os nova-iorquinos, como o MoMA, o Waldorf Astoria etc, enfatizando empatia com a cidade-cosmo. Recorrente, Allen bole novamente com a trupe dos "descolados" nova-iorquinos, artificializando passagem nas imediações do Minetta Tavern, onde, a propósito, se come delicioso hamburguer de carnes dry-aged curtidas na cerveja preta com cebolas caramelizadas. No mais, são os milionários em deslumbrantes cafofos debruçados sobre o Central Park e em festas ornamentais. O filme é uma delícia "woodyalliana", e o desfecho evoca Édipo e aversão atávica ao provincianismo, elementos constantes na cinematografia deste culto e refinado diretor. Cada fã idealiza a sua lista de filmes preferidos de Woody Allen. A minha começa pelo pastelão "A Última Noite de Boris Grushenko" e segue cronologicamente com "Annie Hall", "Manhattan", "Desconstruindo Harry", "Match Point", "Meia-Noite em Paris" e "Blue Jasmine".

Nestes tempos de regressão puritana, o véu da suspeição volta a enredar Woody Allen, devido ao reaquecimento de episódio soterrado desde 1993, no qual o cineasta é acusado por uma filha adotiva de tê-la molestado na época em que era casado com a atriz Mia Farrow. Dylan Farrow tinha sete anos na ocasião do suposto assédio sexual e o caso veio à tona imediatamente, em 1992, quando Allen e Mia se separaram. Após 14 meses de investigações inconclusivas, Mia desistiu do processo criminal e Allen ficou proibido de visitar os filhos. Há cinco anos, Dylan Farrow escreveu carta pungente ao jornal *New York Times* reavivando o assunto, e sensibilizando, sobretudo, fração do elenco feminino do show business americano. Posteriormente, Roman Farrow, filho legítimo de Allen e Mia – ou de Frank Sinatra e Mia, segundo os maledicentes –, que fora solidário a Dylan, revelou as escabrosas histórias de inconveniências do produtor Harvey Weinstein na revista *The New Yorker*. Para assegurar o status de tragédia grega a todo o imbróglio, Allen casara-se com Soon-Yi Previn, filha adotiva de Mia e André Previn, que foi criada pelo cineasta. E Moses Farrow, igualmente filho adotivo de Mia, insurgiu-se contra a mãe em defesa do pai. Nem Ésquilo chegaria a tanto. Na combustão do #Me Too, aumentaram-se os contratempos do Woody Allen, com artistas renegando-o e com problemas de produção e de distribuição dos seus filmes. Inexiste previsão de estreia de "Um Dia de Chuva em Nova York" nos Estados Unidos. Alguns atores e atrizes solidarizaram-se com o diretor, que sempre negou o abuso. Não é circunstância simples de avaliar e comprovar a esta altura, 27 anos depois. As acusações de assédio ao diretor resumem-se, até então, a esse caso específico de âmbito doméstico, o que não seria menos bárbaro e condenável, se verdadeiro. No meio das atrizes – Allen dirigiu e projetou dezenas delas –, não raiou sequer suspiros de impertinências leves. Portanto, por ora, não se justificam as execrações e abjurações das quais o diretor tornou-se vítima, notadamente por parte daqueles que trabalharam com ele e oportunizaram sórdidas penitências. Parece-me que "Um Dia de Chuva em Nova York", com delicadeza fluida e requinte mental, é a resposta de Allen às barbaridades gerais vigentes, como se nos conduzisse a outro firmamento. Woody Allen evidencia-se como gênio do cinema, e esse predicado não se extraviaria, mesmo se vier a ser atestada a bestialidade que Dylan Farrow lhe imputa.

Com "O Irlandês", Martin Scorsese nos obsequia outro notável filme de gângsteres, repetindo a excelente e empática dupla Roberto De Niro e Joe Pesci, que protagonizou também "Os Bons Companheiros" e "Cassino" e se tornou certificado de qualidade das películas do gênero. Produzido pela Netflix e com abusadas três horas e meia de duração, o filme baseia-se nas atividades criminosas de Frank "The Ireshman" Sheeran, um sindicalista vinculado à máfia e que, antes de morrer, admitiu ter matado o seu mentor e maior líder sindical americano – Jimmy Hoffa –, cujo desaparecimento não havia sido esclarecido até a confissão. Al Pacino, emprestando o seu talento a Scorsese pela primeira vez, excede no corpo do marcante Hoffa, com interpretação compatível à amplitude do personagem. Ou seja, o maravilhoso Al Pacino de sempre. Joe Pesci faz um surpreendente mafioso paterno, calmo e cerebral, ao contrário das representações explosivas que o grifaram. E De Niro amolda-se ao papel principal com o correto repertório usual, entretanto sem o viço de outrora. O elenco conta ainda com a participação alusiva de Harvey Keitel, parceiro de Scorsese desde o primeiro longa-metragem do diretor, em 1968 – "Quem bate à minha porta?". Martin Scorsese é grande regente de filmes, predominantemente, testiculares. De chofre, não recordo de mulheres destacadas em suas obras, com exceção da, então, guria Jodie Foster em "Taxi Driver". O filme reforça as teses de proximidade de mafiosos com o progenitor dos Kennedys, e sugere que a malfadada invasão americana na Baía dos Porcos teria como um dos seus propósitos limpar a área para o retorno do crime organizado à Cuba, jogatina à frente. O filme clarifica a naturalização da promíscua relação de sindicalistas com o banditismo nos Estados Unidos. "O Irlandês" não chega a ser uma obra-prima como "Os Bons Companheiros", todavia justifica, com sobras, a longa extensão e solidifica a presença de Scorsese no panteão dos cineastas macroscópicos. Quem assiste ao filme pela Netflix é brindado com saborosa conversa de Martin Scorsese, De Niro, Joe Pesci e Al Pacino, após a exibição. Das obras do diretor, as que eu mais aprecio são "Taxi Driver", "A Cor do Dinheiro", "Os Bons Companheiros", "Os Infiltrados" e "O Lobo de Wall Street".

Martin Scorsese e Woody Allen ainda justificam idas ao cinema.

02/12/2019

Candidaturas independentes no horizonte

No próximo ano, o Supremo Tribunal Federal poderá avaliar a admissibilidade de candidaturas independentes ou avulsas, sem vínculos partidários, segundo informa *O Globo*. O ministro Luís Roberto Barroso, relator do processo, promete liberá-lo no primeiro semestre para a apreciação dos seus pares. Boa e má notícia, simultaneamente. Boa pela pertinência do intento. Má pela aparente impropriedade do foro decisório. Matéria desta natureza deveria ser tratada, exclusivamente, no âmbito do Congresso, sem a interferência do Judiciário, que não tem nada que se intrometer em coisas assim, judicializando, desnecessariamente, a política. Há dois projetos no Senado e quatro na Câmara sobre o tema, no entanto a maioria dos parlamentares nega-se a viabilizá-los, por motivos óbvios. Abaixo reproduzo dois trechos do artigo "Partidos políticos tornaram-se anacrônicos", que publiquei no *Jornal do Brasil*, em 15 de agosto de 2018:

"Os partidos políticos surgiram na Inglaterra, em 1680, mas associaram-se à democracia moderna após a Revolução Francesa e a Independência dos EUA. São instrumentos velhos, formados, originalmente, sob bandeiras definidas – monarquistas, republicanos, trabalhistas, democratas, socialistas etc. –, porém, recicláveis pelas transformações históricas. Agora, eles encontram-se fragilizados mais ainda pelas sísmicas mudanças impostas ao mundo laboral e às relações sociais pelo avassalador avanço tecnológico".

"Em quase todo o mundo democrático, os partidos tornaram-se disfuncionais e anacrônicos, longe de representarem sociedades fragmentárias, mutantes e pós-ideológicas. Os tempos atuais impõem, inclusive, reciclagem nas nomenclaturas, com as agremiações, pragmaticamente, assumindo ares de movimentos e não mais de partidos. Diariamente, aparecem oportunísticas legendas no planeta, visando a lucrar com as ondas da moda e com as tragédias contemporâneas. Na Europa, partidos formam-se, sem cerimônia, às vésperas de processos eleitorais, para cumprirem apenas ritos processuais, como ocorreu na França, com o Em Marcha! do presidente Emmanuel Macron".

No Brasil, vários setores da sociedade "esclarecida" acreditam em milagrosa regeneração dos partidos e cobram, inutilmente, coerência partidária dos políticos. Aqui, existem 33 partidos "cartorizados" e mais de sete dezenas em vias de legalização; entre eles, o Partido Nacional Corinthiano. Esta semana o partido Unidade Popular ganhou certidão de nascimento do Tribunal Superior Eleitoral. Em seu estatuto, a nova sigla prega a nacionalização das gravadoras de música e das produtoras de filme e "a socialização de todos os grandes canais de televisão, jornais e rádios". Que tal? E, agora, temos o Aliança pelo Brasil, do presidente Jair Bolsonaro, entrando no guichê da autenticação. Anima-os, precipuamente, a indecente dinheirama dos fundos partidários e eleitorais. A bem da verdade, registre-se que o financiamento público da atividade política não é uma jabuticaba; conforme o Instituto Internacional pela Democracia e Assistência Eleitoral, ele existe em 118 nações, notadamente na Europa, com exceção da Suíça. Na França, por exemplo, este valor perfaz 61 milhões de euros anuais – cerca de 280 milhões de reais –, enquanto a estimativa para o Brasil, neste ano não eleitoral, é de aproximadamente 927 milhões de reais, pela Lei Orçamentária Anual de 2019. Para 2020 – em que teremos as eleições municipais –, discute-se a indecorosa proposta de 2,5 bilhões de reais, após a insaciável classe política reivindicar inicialmente 3,8 bilhões de reais. Perante as imensas carências sociais no Brasil, não dá para sustentar a bródia da política com tanto dinheiro público. Se não forem revogadas pelos parasitas da política, a adoção das cláusulas de barreira e a poda da propaganda eleitoral gratuita e de recursos públicos para as legendas sem representação substantiva no Congresso, em si, não melhorarão a qualificação partidária, todavia desestimularão a eclosão e facilitarão a governabilidade dos executivos eleitos.

Segundo estudos chancelados pela ONU, só em 22 países (Brasil, incluso) – de 245 pesquisados – não há algum tipo de candidatura independente. Esse pequeno grupo concentra-se na América do Sul e na África. Isso diz muita coisa. Noventa e sete nações admitem-na tanto nas eleições presidenciais como nas legislativas. Além disso, 86 países adotam candidaturas avulsas somente nas eleições legislativas e 25 apenas nos pleitos presidenciais. No Brasil, por conveniência das oligarquias rurais regionais – contrárias à centralização do poder –, as candidaturas avulsas eram admitidas na República Velha, e constaram do primeiro Código Eleitoral Brasileiro, de 1932. Sobreviveram na Lei Eleitoral de 1935, que não chegou a vigorar por causa da ditadura do Estado Novo. Em 1945, sob os eflúvios democráticos que assomaram com o fim da Segunda Guerra Mundial e antes de ser "deposto", o presidente-ditador Getúlio Vargas reintroduziu as eleições diretas e acabou com as candidaturas independentes. É evidente que o Brasil se encontra na contramão da tendência mundial. Candidaturas independentes, contudo, não devem levitar por modismos, mas porque os partidos caducaram e priorizam os próprios interesses, sem quaisquer espelhamentos na sociedade, quando não estão voltados, unicamente, para a picaretagem. Atualmente, tudo indica que a maioria dos partidos políticos – tais como os conhecemos – carece de propósito e de futuro, limitando-se às meras funções de cartórios eleitorais, descarnados de representação social.

Não vislumbro vantagens automáticas e peremptórias nas candidaturas avulsas, entretanto entendo que elas – sob limitações – devam ser consideradas, principalmente pela disfuncionalidade das agremiações políticas e mumificação das hierarquias partidárias. Há de se encontrar forma de acolhimento das candidaturas independentes em todos os níveis, sem inventar a roda. As inúmeras experiências internacionais podem iluminar os caminhos. Particularmente, acho que elas devam ser aceitas com severas restrições, sem direito a recursos públicos e a propaganda eleitoral gratuita, para evitar o afluxo dos espertalhões, a expansão da sangria orçamentária governamental e a maior atomização da política, já lacerada pela presença de mais de 30 partidos. Faz-se necessário civilizar os imorais custos das campanhas eleitorais no Brasil. Pela volúpia dos nossos políticos, cedo ou tarde, talvez, tenhamos que voltar ao financiamento privado ou/e adotar o voto distrital, este, por sinal, mais consentâneo com as novidades como as candidaturas independentes, que poderão acomodar as pretensões das dinâmicas "minorias" organizadas.

Em suma, a admissão de candidaturas independentes merece debate no Brasil, considerando-se o descomunal desprestígio da classe política convencional, o ocaso dos partidos, a ampla aceitação em outros países e as frescas configurações de representação.

12/12/2019

Xadrez e intolerância

A escola russa/soviética de xadrez estabeleceu hegemonia no século passado a partir de 1927, quando Alexander Alekhine tornou-se campeão mundial, ao vencer o mítico cubano José Raúl Capablanca, que, entre muitas façanhas, jogara contra 103 adversários simultaneamente, derrotando 102 e empatando uma partida. Daí em diante, ocorreram somente dois ligeiros interlúdios. O matemático holandês Max Euwe desfrutou do título de 1935 a 1937, após ganhar de Alekhine, que, todavia, o reconquistou dois anos depois. Em 1972, no contexto escaldante da Guerra Fria, o campeão Boris Spassky amiudou-se diante do genial americano Bobby Fischer, para alguns o melhor enxadrista de todos os tempos e cujo QI equivalia-se ao de Einstein. O reinado do temperamental Fischer durou três anos (1972-1975), pois ele se recusou a enfrentar o desafiante russo Anatoly Karpov e se retirou de competições, sem pôr o seu título à prova. Gary Kasparov celebrizou-se como o último campeoníssimo russo do século 20. Para mim, Kasparov, campeão do mundo por cerca de 15 anos ininterruptos – o período mais longevo da era moderna –, foi o melhor jogador da história, pois praticou xadrez sobrenatural e competitivo em época em que os computadores ainda não haviam contaminado o esporte.

O soviético/letão Mikhail Tal, campeão de 1960 a 1961, com só 23 anos, contudo, é o enxadrista da minha paixão, pelas "loucuras" que salpicava nos tabuleiros e na vida. "Misha" notabilizou-se pelos "sacrifícios" que introduzia com praxe agressiva e que granjearam admiração internacional dos aficionados. Em xadrez, "sacrifício" significa a troca de peças mais valorizadas por outras menores, um dos pontos altos da nobre arte de Caissa, quando bem-sucedido. Tal produzia "sacrifícios" em escala – chegou a reciprocar dama por dois peões –, e fixou referência. "Há três tipos de sacrifícios; os certos, os errados e os meus", divertia-se o "Mago de Riga", ao retrucar os que apontavam imprecisões em seus lances atrevidos, desconcertantes e, geralmente, exitosos. Até hoje, se diz "sacrifício ao estilo Tal". De outubro de 1973 a outubro de 1974, Tal permaneceu invicto em 95 pelejas, recorde só superado recentemente pelo chinês Ding Liren, com 100 partidas na modalidade clássica. Desde a infância, crônicos problemas de saúde e internações frequentes marcaram carreira acidentada. Além disso, Tal bebia e fumava em quantidades industriais. Em 1969, retirou um rim e passou a usar morfina, para atenuar as dores intensas. Com apenas três dedos na mão direita – nascera com ectrodactilia –, era exímio pianista. Tal, que aprendera a ler com três anos, ingressou na universidade de Riga com 15, formou-se em Literatura e lá lecionou. Apesar de ter sido campeão no decurso de somente um ano, até falecer em 1992, com 55 anos, ele manteve-se sempre no topo da pirâmide, o que o transformou em lenda do esporte mental. Dias antes de morrer, Tal deixou o hospital para participar de torneio de partidas relâmpagos em Moscou. Com as mãos trêmulas e debilitadíssimo, Tal conseguiu dobrar Kasparov, o então campeão mundial. Entre os entusiastas das batalhas intelectivas, inexiste quem não o admire ou conteste a sua genialidade. Pelas peculiaridades esportivas e pessoais, Mikhail Tal, talvez, seja o enxadrista mais venerado do planeta. Tal, que via o xadrez como "arte", fez do tabuleiro palco e se converteu, indubitavelmente, no maior "artista" do enxadrismo. Com Fischer e Kasparov, Tal forma a Santíssima Trindade dos devotos do xadrez.

Após 80 anos, a supremacia da escola russa chegou ao fim, em 2007, com o triunfo do talentosíssimo indiano Viswanathan Anand sobre Vladimir Kramnik. Anand preservou o título durante seis anos, cedendo-o, em 2013, para o extraordinário norueguês e atual campeão Magnus Carlsen, que acaba de completar 101 partidas clássicas sem derrota, firmando novo patamar de invencibilidade. Forças singulares emergiram no cenário enxadrístico, e, devido à influência dos supercomputadores, como o "Alpha Zero", os jogos nivelaram-se entre os praticantes de elite, massificando o número de empates e enfadando os campeonatos de xadrez clássico. Desde que "Deep Blue" sobrepujou Kasparov, em 1997, as máquinas aperfeiçoaram-se e passaram a auxiliar os humanos no estudo do xadrez, ampliando a profundidade das variantes. Dos cinco maiores ratings da atualidade da Federação Internacional de Xadrez (FIDE), apenas um – o quinto lugar – vem da consagrada doutrina russa/soviética, que continua gestando jogadores notáveis, mas, no momento, nenhum fora de série. Na última década, a pronúncia chinesa acentuou-se no ambiente do xadrez. A despeito do aiatolá Khomeini ter proibido a prática do xadrez, ao assumir o poder no Irã em 1979, recentemente brotou promissora geração de jovens iranianos, destacando-se Alireza Firouzja, de 16 anos, visto como potencial campeão mundial. De acordo com o jornalista especializado Leontxo Garcia, do reputado jornal espanhol *El Pais*, coibiu-se o xadrez em diversas circunstâncias no correr dos tempos, principalmente por inspiração religiosa. Talvez, pela natureza essencialmente racional do jogo em contraponto à fé alógica que arrima as religiões. O famoso inquisidor florentino Girolano Savarola prometia danação eterna a quem fosse flagrado jogando xadrez. Imperativos políticos também justificaram cerceios. A bestial Revolução Cultural Chinesa aboliu o xadrez na terra de Mao Tsé-Tung, por associá-lo, esfarrapadamente, ao "decadente" ocidente capitalista. Como a China, o xadrez é milenar. A birra dos maoistas com o jogo, na verdade, devia ser pelo predomínio dos "companheiros" comunistas soviéticos na ocasião.

No dia de hoje, Carlsen sagrou-se campeão do torneio de rápidas (25 minutos para cada jogador com o acréscimo de dez segundos por lance) de Moscou, tendo a secundá-lo Firouzja. Para disputar o torneio, Firouzja teve que renegar a sua nacionalidade e jogar sem bandeira, pois o governo do Irã impede que os seus representantes participem de certames com os israelenses. Os governos da Arábia Saudita, Iraque e Palestina costumam fazer as mesmas restrições. Firouzja vive em Chartres, na França, e se viu forçado a tomar essa decisão dolorosa e drástica de renúncia da pátria, para dar sequência a brilhante carreira. Não é de hoje que a obscura política usa os esportes como meio de afirmações de intolerância, sobretudo nos regimes autoritários. A narrativa dos Jogos Olímpicos é farta em exemplos. Nos casos mais notórios, Estados Unidos e Rússia boicotaram-se reciprocamente nas Olimpíadas de Moscou, em 1980, e de Los Angeles, em 1984, pela estupidez da política e para a decepção do público e de centenas de atletas que passaram anos se preparando para esses eventos. No xadrez, por razões diversas – notadamente, estruturais –, tornou-se comum jogadores de alto nível abraçarem outra cidadania. Atualmente, os quatro maiores enxadristas americanos têm originais cidadanias italiana, filipina, cubana e japonesa. Por preconceito e repressão do governo iraniano, o fenomenal prodígio Alireza Firouzja, agora, terá que revestir os legítimos sonhos em outro estandarte. Curiosamente, na Pérsia – hoje, Irã –, no século VI, originou-se um dos primeiros registros documentais sobre o jogo de xadrez, o poema épico "Karnamak". Firouzja afigurou-se em mais uma vítima da intolerância governamental e conjuntural que empalideceu este indigesto e, felizmente, findo 2019.

Muitas celebridades dedicaram-se à arte de Caissa amadoristicamente, conforme a Wikipédia. Os anais da Universidade de Princeton registram confronto dos físicos Albert Einstein e Robert Oppenheimer, um dos pais da bomba atômica. Isaac Newton, Stephen Hawking e Alan Turing também moviam os peões. Napoleão Bonaparte atribuía parte de suas peripécias militares às estratégias do xadrez. Fidel Castro, Che Guevara e Winston Churchill igualmente. Abraham Lincoln, George Washington, Thomas Jefferson, Theodore Roosevelt e John Kennedy foram alguns dos presidentes americanos que se entretiveram com o esporte. Na Rússia o xadrez era e continua sendo tara nacional. O czar Pedro, o Grande, a imperatriz Catherine II, Ivan, o Terrível, Lenin, Trotsky e Stalin o praticavam. Os escritores Dostoevsky, Gorki, Tchekhov, Tolstói, Pushkin, Nabokov e Pasternak idem. Ainda na literatura, eram adeptos do jogo Shakespeare, Bernard Shaw, Balzac, Lewis Carrol, Oscar Wilde, Cervantes, Goethe, Gabriel Garcia Márquez, Edgar Allen Poe, Saint-Exupéry e o nosso Machado de Assis. Na turma da música, Beethoven, Chopin, Shostakovich, Verdi, Caruso, Ennio Morricone, Sinatra e John Lennon afinavam-se com as 64 casas do tabuleiro. Em outros campos artísticos, o xadrez mereceu a atenção de Salvador Dali, Marcel Duchamp, Hitchcock, Chaplin, Bergman, Marlene Dietrich, Marlon Brando e Paul Newman. Inclusive estrelas de outros esportes aderiram ao xadrez, como o tenista Roger Federer e o jogador de basquete Kobe Bryant.

O Brasil já contou com um dos maiores enxadristas do mundo – o gaúcho Henrique Costa Mecking, conhecido como Mequinho. Em 1977, Mequinho alcançou o terceiro lugar no ranking da FIDE, ficando atrás apenas do, então, campeão Anatoly Karpov e de Victor Korchnoi, ambos russos. No auge da trajetória, em 1978, Mequinho afastou-se das competições, vítima de miastenia, uma doença grave que compromete o sistema nervoso e os músculos. Em 2000, Mequinho retornou às atividades enxadrísticas, porém sem as melhores condições de outrora.

29/12/2019

Avulsos sobre idades e tempos

Em tertúlia carnívora com Antonio Cicero, Cacá Diegues e Caetano Veloso no extinto Porcão de Ipanema, conjecturamos rasamente sobre a imanência da idade em nossas vidas. Cacá contou que, na compreensão do cineasta francês Claude Lelouch, as pessoas vêm ao mundo com a idade que ostentarão por toda a existência. Perante a persuasão do autor do oscarizado filme "Um homem e uma mulher", Cacá, Cicero e eu nos consolamos de termos nascido já curtidos. Pilheriando, Caetano fez questão de desassociar-se, enfatizando que nascera com 14 anos, mas que gostaria de ter nascido com 18. Para muitos, a tese de Lelouch procede.

Em razão dos avanços científicos, a humanidade nunca desfrutou perspectivas de vida tão longevas. Se, por um lado, isso parece ganho inestimável, por outro, incrementa incertezas, angústias e desesperanças. Estruturalmente, não estamos preparados para viver tanto. Como financiaremos esta sobrevida? Manifestações no Chile e na França contra aparos na previdência social são espasmos dessa imprevisível eventualidade. Pesadelos povoam as cacholas dos que perderam o emprego e dos que sequer conseguiram se infiltrar no mercado de trabalho. Infelizmente – e espero estar erradíssimo –, acho que a situação vai se agravar monstruosamente com o inevitável e avassalante progresso tecnológico desalojando, maciçamente, os inadaptados. Os atuais dias insanos e tristes podem estar apenas na infância das miragens apocalípticas.

Domingo passado, a revista *Ela* (*O Globo*) trouxe entrevista do jornalista Fernando Eichenberg com as autoras do livro *Older, but better, but older* ("Mais velha, mas melhor, porém mais velha", em tradução livre), as francesas Caroline de Maigret, modelo e embaixadora da Chanel, e Sophie Mas, bem-sucedida produtora cinematográfica; a primeira com 44 anos e a segunda, 39. Em resumo, a obra versa sobre a membrana de surpresas que envolve as mulheres no umbral da maturidade. Para as duas, a aterrisagem na nova estação foi penosa, como o é para a maioria das mulheres. Caroline estranhou passar a ser chamada de "madame" constantemente. Ela registrou, acertadamente, contudo, que, agora, se desregula e se posterga o instante em que se sacramenta a consolidação imagética da velhice. (Corroboro a impressão dela; quando eu era criança, olhava para os adultos de 40 a 50 anos como se eles já estivessem com o pé na cova. Hoje, longe disso; não só estão vivíssimos como não são considerados velhos. Recentemente, a Organização Mundial de Saúde reclassificou as bandas etárias. Agora, são divisados como jovens os que têm de 18 a 65 anos.) Com a progressão da idade, porém, ressalta Caroline, ressecam-se as fontes de sonhos com o trabalho e o amor da vida. Mulheres bonitas, emancipadas e sensíveis, ambas se queixam de um incômodo sentimento de "invisibilidade", também comum aos homens idosos. Vivendo com varão 13 anos mais novo – pai do seu filho –, Sophie classifica como "um golpe" a percepção de que não chama a atenção dos amigos do companheiro. Desconforto compartilhado por Caroline: "Nas festas, sentia que certos homens que, antes teriam um torcicolo na minha passagem, já não me viam nem mesmo passar. E eram os mesmos". Como francesas, confortam-se com o país que estampa primeira-dama 24 anos mais velha do que o presidente da República. Orgulham-se igualmente das históricas e acrônicas conterrâneas Simone de Beauvoir, Catherine Deneuve, Simone Veil, Fanny Ardant e outras mulheraças. Diversos dos assombros compendiados pelas duas encontram paralelo no universo masculino. Imagino que mulheres e homens que viveram predominantemente da beleza tenham mais dificuldades de superar a transição imposta por Cronos. E há a impressão abstrata de que os homens amadurecem melhor do que as mulheres. O tópico sexual é uma distinção, a despeito das motivações pertinentes. Para os homens, o desejo carnal é, praticamente, imorredouro e constante; para as mulheres, comumente, é circunstancial e irregular. Muitos descompassos originam-se nessas assimetrias.

A mesma edição de *O Globo* reproduziu, no Segundo Caderno, matéria do *New York Times* sobre o livro *Le consentement* ("O consentimento", em tradução livre), da editora literária francesa Vanessa Springora, no qual narra a união com o escritor francês Gabriel Matzneff, que a seduziu quando ela tinha 14 anos e ele, 50. De acordo com a reportagem, o livro, que ingressou na lista dos mais vendidos por lá, aborda ainda a suposta temporização dos franceses com a pedofilia. Sem tê-lo lido e me baseando somente na matéria, que, em boxe, abriga crítica do opúsculo assinada pela competente jornalista Patrícia Kogut, suponho que a obra se aproveita deste momento fosco que bonifica narrativas sobre assédios sexuais midiáticos e abusos contemporâneos. Matzneff é autor do livro *Les moins de seize ans* ("Menores de 16 anos", em tradução livre) e, conforme o NYT, as suas recreações com meninas e meninos adolescentes são notórias. Na França, relações sexuais de adultos com menores de 15 anos configuram-se ilegais, no entanto não são, automaticamente, conceituadas como estupro. O relato de Vanessa estimulou investigação da promotoria de Paris sobre as peripécias concupiscentes de Matzneff, e o Ministério da Cultura ameaça confiscar a pensão do escritor, que outrora obteve a Ordem das Artes e Letras do governo. Em 2013, Matzneff recebeu o reputado prêmio literário Renaudot. Vanessa Springora confessou que isso a revoltou e a motivou revelar a desventura com o escritor. Ninguém reúne condição de aquilatar a intensidade de suas dores e a real necessidade da catarse, todavia existe um quê de vingança requentada na história. Vanessa não foi estuprada – no sentido literal – por Matzneff. A mãe dela a apresentou a ele há 33 anos, e eles tiveram um caso por algum período durante a liberal década de 1980. Ou seja, Vanessa não se traumatizou em transa coagida, e, sim, em um relacionamento, que, só posteriormente, adquiriu, aos olhos dela, relevos abusivos. A intimidade deles validou-se em autorização, e ela reconhece no livro: "Como admitir que se foi abusada, quando não se pode negar que foi tudo consentimento?". Não é à toa que esse contexto irônico nomeia o volume, quase como para negá-lo, como assinala Patrícia Kogut: "A autora busca nomear uma zona cinzenta: a diferença entre a violência sexual e aquilo que ela viveu". Segundo Vanessa, a verdadeira dimensão nociva da conexão com Matzneff custou a ser processada pela omissão da família e pelo espírito prevalente daquela época. Na ocasião, a revolução sexual marchava viripotente. "Impedir a sexualidade juvenil equivalia a reforçar a opressão sexual", defende-se Vanessa, lembrando que, em 1977, o *Le Monde* publicou carta de intelectuais, inclusive Roland Barthes e Simone de Beauvoir, pregando a descriminalização do sexo com menores. O *NYT* salienta ainda que o Libération, jornal criado por Jean-Paul Sartre, "defendia os pedófilos como minoria discriminada e divulgava anúncios pessoais de adultos que procuravam crianças para fazer sexo". Seria verdade ou o *NYT* pirou na batatinha? Não desconsiderando os tormentos de Vanessa Springora, fica difícil separar qualquer ação do espírito do seu tempo. Por imaturidade, barafunda mental ou outra razão, a associação com Matzneff – hoje, com 83 anos – foi consentida e, no mínimo, tolerada pela mãe.

Matzneff pode até ser um crápula – nunca tinha ouvido falar dele –, entretanto consoante a reportagem, nesse drama específico, a situação, aparentemente, difere dos abomináveis assédios espetacularizados, como os protagonizados pelo predador Harvey Weinstein. A pedofilia me horroriza, mas ela não está, necessariamente, presente em todos os atos sexuais de adultos com menores. Muitos naturalizam-se em culturas distintas. Outros, são acordados. No mais, para tudo, não dá para ignorar o espírito do tempo e as circunstâncias manifestas. Ninguém deve ter o comportamento escrutinado por padrões e leis alheios ao império da sua sazão.

14/01/2020

O beijo

Como sabemos, há diversos tipos de beijo. Eles, contudo, não são naturais em muitas culturas, notadamente o beijo romântico-erótico, denominado de "beijo de língua" ou de "beijo francês" em vários lugares. As figurações consistentes mais remotas do beijo são hindus, com as maravilhosas esculturas lascivas dos templos de Khajuraho construídos na dobra do primeiro milênio depois de Cristo, que estampam suruba colossal e se tornaram Patrimônio da Humanidade pela UNESCO. Valem conferida no Google. Existem registros parabólicos também nos textos sagrados do livro védico *Satapatha Brahmana* de aproximadamente 1200 a.C. – "Amo beber o vapor dos seus lábios". Nos milhares de versos do poema épico "Mahabarata", de cerca de 1000 a.C., os beijos adquirem descrições maliciosas – "Pôs a sua boca em minha boca, fez um barulho e isso produziu prazer em mim". Depois, foram fartos no clássico *Kama Sutra*, com repertório criativíssimo de ósculos (beijo luta de línguas, beijo para acender a chama; beijo palpitante etc.) e de mordidelas (mordida do javali, mordida a nuvem quebrada, mordida o coral e a joia etc.). Conforme a tradição libidinosa da Índia, as mordidas importam nos jogos sexuais; algo do gênero onde há amor, há dor. (Odaxegania é o nome horroroso definidor do fetiche sexual por dentadinhas). Quando Vatsyayana compilou o Kama Sutra, em longínquo período impreciso, outros povos já beijavam sexualmente. Especulações atribuem ao afamado Alexandre, o Grande, a socialização do beijo erótico, após o rei da Macedônia ter conquistado parte da Índia em expansão territorial e disseminado, através de suas chusmas guerreiras, o sublime e saudável costume no século IV a.C. Até então, gregos, romanos e persas praticavam o beijo hierárquico socialmente. Selinhos, desprovidos da urgência sexual, eram trocados, exclusivamente, por pessoas de extração social alta. As classes inferiores osculavam no rosto e nas mãos. E os súditos beijocavam os pés dos suseranos. Posteriormente, os romanos dividiram o beijo em três categorias: basium, entre conhecidos, osculum, entre amigos, e suavium, entre amantes, este descrito como "de língua, voluptuoso e vergonhoso" pelo vate Ovídio e como "mais doce do que o doce da ambrosia" pelo também poeta Catulo. Curiosamente não se encontram vestígios de beijos na iconografia da antiguidade egípcia. Provavelmente, não faziam parte da cultura dos faraós. Pode ser que a rainha Cleópatra, mulher fogosa de inúmeros amantes, só tenha beijado Júlio César e Marco Antônio no cinema. Indubitavelmente, todavia, ela recebeu a carícia venenosa da serpente. Aparentemente os beijinhos expandiram-se lentamente no curso da humanidade até se depararem com o papa

Inocêncio III, no século XII, que desferiu cruzada contra eles. "Beijo com o objetivo de fornicação é pecado mortal", decretava o édito papal. Na Renascença, as ofensivas contra o indefeso beijo inspiraram-se no moralismo sanitarista. Na Inglaterra, no século XV, o rei Henrique VI proibiu beijos para evitar a proliferação de doenças. Dois séculos adiante, ainda na Inglaterra, o "Lorde Protetor" Oliver Cromwell, apodado de Moisés puritano, por capricho indecifrável, vetou beijos somente aos domingos, sob pena de prisão para os sediciosos.

Diferentes sociedades não praticam a osculação. Seguramente, em parte, pela limitação do cacoete da higienização em prístinas eras. Estudo publicado na revista acadêmica *American Anthropologist* informou que não havia evidências do beijo romântico em 54% das 168 culturas pesquisadas, sobretudo nas mais primitivas. O hábito igualmente não era corriqueiro em bom pedaço do Oriente e da África. Alguns povos colonizados por europeus o assimilaram com o convívio. Até o começo do século XX, os japoneses não tinham sequer vocábulo para descrever o ato. Por influência americana, mimetizando a palavra inglesa "kiss", adotaram "kissu". Em 1924, escandalizaram-se com a escultura "O Beijo" de Rodin, exposta em Tóquio. Chineses similarmente são pundonorosos. Estrangeiros penam para beijar chinesas em Beijing. Pode levar meses de namoro até que um ósculo desabroche. Em geral, beijos de língua cabem apenas nas preliminares das folias sexuais. "Por muito tempo se pensou que os japoneses não se beijavam. Hoje, sabe-se que, a exemplo dos chineses, eles mantinham esse hábito, porém de maneira discreta, restrita à intimidade dos casais", declarou o professor alemão Otto Best, renomado pesquisador do tema e autor dos livros – em tradução livre – "O Beijo, Uma Biografia" e "A Língua dos Beijos", ambos inéditos no Brasil.

Devemos certamente ao cinema a consagração e a universalização do beijo. Vários ósculos hipnotizaram plateias para o imaginário de prazer e felicidade. São icônicos, memoráveis e estimulantes os beijos de Clarke Gable e Vivien Leigh em "E o Vento Levou", de Humphrey Bogart e Ingrid Bergman em "Casablanca", de George Peppard e Audrey Hepburn em "Bonequinha de Luxo" e de Leonard DiCaprio e Kate Winslet em "Titanic". E há os saborosos beijos brincantes e desmistificadores, como os de Toby Maguire e Mary Jane Watson em "Homem-Aranha", dos pets protagonistas do desenho "A Dama e o Vagabundo" e de Richard Gere e Julia Roberts em "Uma Linda Mulher", neste, pela desconstrução da máxima de que as prostitutas não beijam clientes. O meu ósculo cinematográfico preferido foi o de Burt Lancaster e Deborah Kerr no oscarizado "Em um Passo da Eternidade"; um beijo excitante, envolvente e, literalmente, molhado, com os dois rolando na areia da praia, lambidos pelo mar. As telas abriram-se para os beijos civilizatórios e disruptivos. Em 1896, o filmete mudo "The Kiss", de 26 segundos, com os atores John C. Rice e May Irwin, melindrou os Estados Unidos. Assinava a obra Thomas Edison, o conhecido inventor da lâmpada elétrica e de dezenas de outros artefatos. O filme mudo "Wings" ("Asas"), ganhador do Oscar inaugural, abrigou o simulacro do primeiro beijo gay de Hollywood, com os atores Buddy Rogers e Richard Arlen trocando bitoca amiga, misericordiosa e deserotizada. O pioneiro ósculo, efetivamente, homoerótico masculino só seria ostentado, em 1971, pelos atores Murray Head e Peter Finch no filme "Domingo Maldito". Em 1931, a película alemã "Meninas de Uniforme" exibiu o vanguardeiro beijo lésbico, com as atrizes Dorothea Wieck e Hertha Thiele. No ano anterior, no entanto, no filme "Marrocos", Marlene Dietrich, interpretando uma cantora, simula ósculo cênico em espectadora da sua apresentação. Urdido em 1930, mas aplicado rigidamente a partir de 1934, o código de produção de cinema de Hollywood vetava beijos de mais de 30 segundos e censurava relações inter-raciais, concernente ao tenebroso ambiente de segregação incutido nos EUA. Com um beijo entre o ator branco James Mason e a atriz negra Dorothy Dandridge, o filme "A Ilha dos Trópicos", de 1957, rompeu o insensato tabu. Os libertários anos 60 estimularam vários cineastas a violar, deliberadamente, o moralista Código Hays, fenecido em 1968. A arte cinematográfica incorporou o beijo como um dos seus principais ativos e o adornou de simbolismos. A expressão "beijo de cinema" parametrizou, universalmente, o ósculo e o carimbou como exteriorização de amor, de paixão e de desejo sexual.

Com natureza visual e sensitiva, as artes plásticas e a fotografia não ficaram atrás. Fantásticos pintores, escultores e fotógrafos retrataram o beijo com o correr dos tempos.

A obra supracitada de Auguste Rodin é um dos marcos da escultura mundial. Lapidada em pedra há cerca de 10.000 a.C. e encontrada em caverna da Cisjordânia, "Os Amantes de Ain Sahkri" é a peça mais antiga de representação de beijo. A extraordinária lenda mitológica grega do rei e escultor Pigmaleão, que se apaixona por estátua cinzelada por ele na busca da mulher ideal, encontra a sublimidade pronunciada no quadro "Pigmaleão e Galatéia", de Jean-Léon Gérôme, onde criador e criatura se beijam sob as bençãos de Cupido. Poética e onírica é a beijação acrobática do quadro "O Aniversário", de Marc Chagall, no qual o artista celebra o natalício de sua esposa Bella. Na escola surrealista, reluz o trabalho "Os Amantes", de René Magritte, com o ósculo delineado pela imagem de camisola sobreposta aos rostos do casal. Nas artes plásticas, as minhas beijocas prediletas ilustram-se na marmórea leveza da escultura "Eros e Psiquê", de Antonio Canova, e no enlevo dourado do quadro "O Beijo", de Gustav Klimt. Históricas são as fotografias "O Beijo", de Alfred Eisenstaedt, e "O Beijo no Hotel de Ville", de Robert Doisneau.

A literatura alberga diversas referências ao beijo. E há as citações embutidas em livros ou avulsas de escritores e personalidades. "O amor é grande e cabe no breve espaço de beijar", versejou Carlos Drummond de Andrade. "É o beijo na boca que faz o casal ser único, definitivo. Todo mais é secundário, tão frágil, tão irreal", sentenciou o hiperbólico Nelson Rodrigues. "O beijo é um segredo que se diz na boca e não no ouvido", afirmou Jean Rostand. "A única linguagem verdadeira do mundo é o beijo", sacramentou Alfred de Musset. As glosas femininas são mais mordazes e, às vezes, deliciosamente cínicas. "Uma garota precisa adquirir muita experiência para beijar como uma principiante", alertou Lana Turner. "O beijo de um homem é a sua assinatura", ensinou Mae West. "O beijo é uma forma de diálogo", resumiu George Sand. "Um beijo pode ser uma vírgula, um ponto de interrogação ou um ponto de exclamação. E é isso o que uma garota precisa aprender em gramática", ponderou Mistinguett.

Pesquisas científicas afiançam que a maioria das gentes recorda de mais detalhes da circunstância do primeiro beijo de língua do que da primeira relação sexual. Elas garantem também que beijar faz bem à saúde e é excelente para a autoestima. Um beijo apaixonado atiça 29 músculos da face e produz sensações milagrosas em todo o corpo. Um beijo abrasado queima 12 calorias. Com 25 beijos compensamos as calorias de uma garrafa de cerveja. Neste carnaval, lembremos disso.

11/02/2020

A praga dos especialistas

O jornal *O Globo* trouxe, em edição recente, artigo de Fabio Giambiagi e entrevista com Luiz Carlos Mendonça de Barros, duas rútilas estrelas da nossa galáxia de economistas notáveis. Intimado a falar dos desconfortos contemporâneos e da crise econômica brasileira, Mendonça de Barros golfou asserções sobre petróleo, coronavírus, bolsa de valores, taxa de juros, cotação do dólar, crescimento do Brasil etc., concluindo, acacianamente, que "a recessão mundial parece inevitável". Ao contrário da maioria dos seus pares e das evidências internacionais, ele não vislumbra novo declínio da nossa taxa de juros para breve (*) e acha que o dólar voltará a custar R$ 4,20. A despeito da precisão dos vaticínios, impressiona a indubitabilidade. No meio da procela, Mendonça de Barros não acalenta dúvidas sobre nada e opina sobre tudo, certificando impressões. É um especialista típico. Minha abrangente ignorância inibe qualquer refutação aos postulados do referenciado economista, todavia os oráculos invariavelmente me escabreiam. Sempre que me deparo com sólidas certezas nesta instável "vida líquida", como a define

Zygmunt Bauman, socorro-me de Neném Prancha e "arrecuo os arfes". "Prever tendências futuras a partir de eventos passados torna-se cada dia mais arriscado e, frequentemente, enganoso. É cada vez mais difícil fazer cálculos exatos, uma vez que os prognósticos seguros são inimagináveis: a maioria das variáveis das equações (se não todas) é desconhecida, e nenhuma estimativa de suas possíveis tendências pode ser considerada plena e verdadeiramente confiável", diagnosticou o sociólogo polonês no livro *Vida Líquida*.

Mendonça de Barros, pelo menos, abordou assuntos pertinentes ao seu roçado. Peculiarizado como expert em finanças públicas e previdência social, Fabio Giambiagi mergulhou em atoleiro alheio e se imiscuiu em previsões sobre a próxima contenda presidencial, à distância netuniana de dois anos e meio do processo; uma eternidade em se tratando da matéria. Em comum, fartas convicções arremessadas sobre débil projeção holográfica do cenário vigente. Em artigo tatibitate, não é a pobreza dos argumentos rudimentares que espanta, e, sim, a inutilidade de alinhá-los tão longe do pleito. Sumarizando, Giambiagi imagina os destinos do país atrelados ainda aos passos do ex-presidente Lula, o que propiciaria revivificar o prélio bolsonarismo versus lulismo. O economista, portanto, não consigna a presença do ex-operário na urna digital, impedido pela Lei da Ficha Limpa, estando ele solto ou preso. Giambiagi continua a crer, porém, na pujança eleitoral do PT e no mítico patamar de 30% de votos da agremiação, que, na opinião dele, seria insuficiente para vencer, se o partido se fechasse em torno de candidatura raiz acarminada. O vidente, no entanto, apresenta a solução para contornar as limitações delineadas: bastaria o PT ostentar um postulante moderado, que sinalizasse para o centro. Simples assim. Bingo.

No rodamoinho das especulações atuais, há certa racionalidade no receituário de Giambiagi. Não seria absurdo, se as predições viessem a ser confirmadas. Nas lições da história, porém, a quase totalidade das teorias pré-eleitorais desvalida-se – sobretudo, aquelas que distam abissalmente dos pleitos. Há dois anos e meio antes da última eleição americana, nem a Ku Klux Klan nem a NRA apostariam um dime no sucesso de Donald Trump, que era mal visto e desdenhado inclusive por correligionários. Considerando-se o mesmo hiato temporal, o reverendo Jesse Jackson e a apresentadora Ophah Winfrey dificilmente sustentariam perspectivas positivas em relação a Barack Obama em sua primeira pugna presidencial. O nosso presidente é Jair Bolsonaro, que atropelou todo o establishment político. Na primeira eleição presidencial após a redemocratização do país, em 1989, o ilusionista Fernando Collor de Mello também desossou portentos públicos como Leonel Brizola, Ulysses Guimarães e Mário Covas, entre outros pesos-pesados. Desde a redemocratização, Fernando Collor de Mello, Fernando Henrique Cardoso, Luiz Inácio Lula da Silva, Dilma Rousseff e Jair Bolsonaro elegeram-se presidente. Lula foi o único deles com trajetória política compatível com o destino, e, assim mesmo, logrou êxito na quarta tentativa. Os outros foram ungidos circunstancialmente, beneficiados por contextos específicos. Cada vez mais, os cursos eleitorais decidem-se nos âmbitos exclusivos dos próprios processos. No universo democrático, não há mais vencedores e perdedores antecipados, conforme ilustra a vitória, no Estado do Rio, do governador Wilson Witzel, que entrou na disputa com menos de 1% de intenção de votos nas pesquisas. O desconhecido Witzel não ocupou o Palácio Guanabara por reconhecimento cabal dos seus méritos. Ele elegeu-se, com sufrágios de gente que sequer tinha ouvido falar dele, pela conjuntura imposta àquele litígio. O caso Witzel é didático. Governos, para o bem e para o mal, podem receber avaliações prévias, entretanto o determinante esboça-se durante os dias oficiais das campanhas. É neles que acontecem as trágicas quedas de jatinhos (Eduardo Campos), as imponderáveis facadas (Jair Bolsonaro), os votos úteis, as corriqueiras traições, as obscuras intervenções do Judiciário, os solavancos de rejeição, os manejos da expressão eleitoral dos religiosos, as ressureições de fantasmas pretéritos, os assanhos ideológicos, as histerias de moralistas e de identitários; enfim, tudo que é relevante para os resultados.

Para dificultar mais a vida das cartomantes, amadoras e profissionais, diversos elementos tradicionais das jornadas sufragistas depreciaram-se, enquanto outros despontaram e se valorizaram. No Brasil, programas eleitorais gratuitos, debates, (de)formadores de opinião e pesquisas desvaloraram-se. No formato padrão de regras engessadas e com tempo de exposição exíguo para os candidatos, os debates atendem unicamente às conveniências dos promotores, e não do eleitorado e dos pretendentes. Se um postulante não se suicidar, metaforicamente, no ar, nada acontece com ele. Pode dizer coisas sensatas, bobagens, não faz a menor diferença para os tribalistas. Os candidatos competitivos não precisam nem participar dos debates, como se negaram Jair Bolsonaro, Lula e FHC. As pesquisas perderam status, com imprecisões cada vez mais recorrentes. Alguns ainda se impressionam com elas, o que enseja manipulações e enganos analíticos. Com novas variantes decisórias e o frenesi das redes sociais nas 48 horas que precedem aos pleitos, fica praticamente impossível as pesquisas aferirem os números exatos. Eventualmente podem acertar no placê, mas raramente na precisão das percentagens. Somente os politizados se contagiam com as pesquisas; o povão as ignora. Apesar da obrigatoriedade de voto no Brasil, cresce o número de não-votos (abstenção, nulo e branco) – passando de 35% nos escrutínios mais importantes –, o que prejudica as profecias e os levantamentos estatísticos. Com o aumento expressivo de evangélicos no país, a opção deles passou a ser fator de desequilíbrio nas previsões. Os crentes – notadamente, os neopentecostais – tendem a seguir a orientação de líderes religiosos, que sacramentam, de fato, as instruções derradeiras às vésperas das votações. É frequente os pastores inclinarem-se publicamente por determinadas candidaturas durante a jornada e direcionarem sugestões distintas depois. Vale é a chapa encaminhada, por zap (hoje, todos carregam celular), na noite antecedente aos pleitos. Se o movimento for desmesurado, não há pesquisa que consiga detectá-lo. No Rio, haja vista a surpreendente eleição do senador Arolde de Oliveira. Até então, forças evangélicas robustas apoiavam Flavio Bolsonaro e Cesar Maia para as duas vagas do Senado. Na última hora, na lógica de encadeamento bolsonarista, rifaram Cesar e abraçaram Arolde, que é batista. As pesquisas não são mal-intencionadas nem se tornaram totalmente obsoletas. Elas têm serventia nas fases preliminares e aferem as danças dos transcursos eleitorais. Elas perderam parte das características naturais de premonição, de exatidão e de indutoras de definição. Com exceção das redes sociais e do aparelhamento do sufrágio evangélico, quase todos os demais vetores murcharam em possibilidades de influência.

Voltemos ao que importa; aos especialistas. É inacreditável que em época marcada pela exaltação das incertezas, muitos se fiem, cegamente, nos prognósticos dos peritos e de suas bolas de cristal. É inacreditável, no entanto não é paradoxal. Se nos encontramos perdidos neste planeta convulso, há nexo em darmos atenção a quem supostamente possa explicá-lo e indicar caminhos. Sempre foi assim. Procuram gurus, curandeiros e protéticos quem têm problemas. Os hipotéticos versados apenas distribuem placebos opinativos em escala maior. Não são necessariamente charlatões; vários portam efetivamente qualificação em seus domínios (política, economia, esporte etc.). Se contextualizam situações para iluminá-las, podem ajudar. Se doutrinam ou regurgitam verdades decretórias, geralmente desservem. Só os jovens têm direito de se orgulhar de seus românticos e maciços preceitos. Vejamos o caso do certame no Partido Democrata americano. Preliminarmente, Joe Biden era considerado um dos três favoritos. Bastou Biden não corresponder às expectativas nas três primeiras primárias – que selecionaram escassos 101 do total de 3979 delegados –, para boa fração dos comentaristas sepultar as suas chances. Àquela altura, aos olhos de variegados analistas, Biden já estava mortinho. Como podem ter chegado a deduções tão cabais com somente 2,5% de escolhidos do conjunto dos convencionais? Biden recuperou-se na primária da Carolina do Sul e triunfou na "Super Terça", assumindo a dianteira na corrida democrata, vencendo, até o momento, em 15 estados e acumulando 864 representantes. Bernie Sanders, principal oponente, ganhou em sete circunscrições e soma 710 delegados (**). Biden – um "picolé de chuchu" à la Geraldo Alckmin – agora é o predileto dos especuladores midiáticos na corrida democrata. O que aconteceu com os cronistas assinantes do atestado de óbito político de Joe Biden? Provavelmente, nada. Giambiagi pode ficar tranquilo. Palpiteiros renomados têm púlpitos garantidos nas mídias. Não só porque preenchem lacunas nos veículos, mas por atenderem a demandas inerentes à imprensa, cuja função de prospectar o futuro é crucial. Comumente os meios de comunicação usam os expertos para referendar posições de seus interesses. Nesses casos, eles tornam-se instrumentos para a formulação de narrativas convenientes aos veículos. Quando assessorei um prefeito no passado, lembro-me de um grande repórter que costumava brincar em tom de cínica chantagem: "Se o prefeito não falar comigo, vou ouvir um especialista". Traduzindo: o especialista vai vocalizar exatamente o que a plataforma do jornalista deseja difundir. Em geral, os entendedores fazem-se necessários e auxiliam na compreensão de hipóteses e de realidades. Se fixarem-se em esquadrinhar as conjunturas passadas e presentes, são bastante úteis. Quando se travestem de profetas, de nostradamus midiáticos, proferindo sentenças peremptórias, devemos nos acautelar. Política e economia não se configuram mais ambientes propícios para os exercícios levianos de futurologia; principalmente os de longo prazo. A mídia clássica vive crise universal e aposta nos analistas como forma de adornar o noticiário e de baratear os seus custos, atraindo "grifes" a preço da mais-valia da vaidade humana. Nestes tempos velozes e apocalípticos, os especialistas tornaram-se uma realidade infrene. Podemos aprender com eles, contudo sempre desconfiando.

P.S. (*) A taxa de juros brasileira caiu 0,5% oito dias após a entrevista ser publicada.
P.S. (**) No dia 8 de abril de 2020, com o processo de primárias do Partido Democrata suspenso por causa da pandemia da Covid-19, Bernie Sanders anunciou a sua desistência em favor de Joe Biden.

13/03/2020

Siamo italiani

Com o título de "Grazie" ("Obrigado/a") e narrado por "una regazza italiana", recebi do amigo João Lara vídeo pungente, de seis minutos e treze segundos, no qual uma bonita voz feminina inidentificável ressalta o relevo hierárquico da Itália na construção da civilização ocidental e desanca com Emmanuel Macron, Angela Merkel, Donald Trump e Boris Johnson. Segundo a garota anônima, os dois primeiros por se negarem a fornecer máscaras, respiradores e sortidos insumos médicos aos italianos, e os dois últimos por ajudarem a isolar e a infamar a Itália nesta inédita e atroz crise do novo coronavírus. De fato, na comezinha lógica do cobertor curto, França e Alemanha proibiram a exportação de material sanitário e animaram a "guerra das máscaras", o que mobilizou a Organização Mundial da Saúde. O vídeo sensibiliza, contudo, não pelas lamúrias, e, sim, pelo orgulhoso préstito do rico repertório de engenhos dos italianos, que, para milhares, suplantou o dos gregos na edificação da civilização ocidental.

Antes do *pot-pourri* de glórias, a personagem não se esquece de elencar alguns dos famigerados traços identitários italianos: "Somos italianos. Somos aqueles sujos, desordeiros, indisciplinados, engraçados, folclóricos, pobres e, às vezes, mafiosos". A partir daí, ela nos lembra que foram os italianos que conceberam as estradas, as escolas, o alfabeto que usamos, o ordenamento jurídico, a organização do estado, as obras--primas que resplandecem nos museus, os bancos, as universidades, a engenharia, a arquitetura, a astrofísica, o calendário, a música etc. E são os italianos que, "a custo de muitos sacrifícios", mantêm 70% do patrimônio artístico e cultural da humanidade, além de terem descoberto a América.

Etruscos, celtas, gregos e povos adicionais ocuparam o território italiano antes da centralização romana, em 262 a.C. Durante a Idade Média, a Itália dividiu-se em reinos e cidades-estados, alguns submetidos a potências estrangeiras. Em 1861, o rei da Sardenha, Vittorio Emanuele II, a unificou, em movimento cognominado de Ressurgimento. Roma só foi apensada em 1870, pois era a capital dos Estados Pontifícios, um conglomerado de comarcas sob autoridade direta dos papas, a exemplo do Vaticano. Após a Primeira Guerra Mundial, anexaram-se as regiões culturalmente italianas que se desfiguravam sob tutela internacional – Trentino, Triestre, Córsega etc. A situação política italiana caracteriza-se pela instabilidade. Em 1922, Benito Mussolini assumiu o poder e implantou a ditadura fascista, que durou duas décadas. É do clown a ressentida e gabada boutade: "Não é difícil governar a Itália; é impossível".

O dramático vídeo e a triste escalada da mortalidade da pandemia na Itália reavivaram as minhas lembranças sobre o país. A Itália entrou desembaraçadamente na minha vida, quando eu era criança e feliz, em Macaé, através das macarronadas dominicais e da instigante gravidez da garrafa bojuda e empalhada do Chianti, sob o olhar mélico de um Jesus Cristo de parede em lar burocraticamente católico. A seguir, veio a música, que estimulava alegria inusual e excitante. Na primeira metade dos anos 60, o meu eterno cunhado apresentara três discos compactos – The Beatles, Jorge Ben e Rita Pavone. Ouvi "Datemi Un Martello" centenas de vezes. Posteriormente, alinharam-se Sergio Endrigo ("Canzone Per Te"), Gigliola Cinquetti ("Dio, Come Ti Amo"), Peppino Di Capri ("Champagne" e "Roberta"), Mina ("Tintarella Di Luna"), Lucio Dalla ("Caruso"), os standards "Volare", "O Sole Mio", "Arrivederci Roma", "Torna A Sorrento" e "Parla Più Piano", as tarantelas "Napolitana" e "Funiculi Funicula", as árias "Nessun Dorma" (Puccini) e "Largo Al Factotum" (Rossini), todas as estações de Vivaldi, Verdi, Caruso, Luciano Pavarotti, Andrea Bocelli, Nino Rota e Ennio Morricone.

Ainda na puerícia, tornei-me arrebatadamente vulnerável às luzes do cinema italiano. Primeiro, foram os épicos dos parrudos Hércules, Maciste e outros halterofilistas e os faroestes spaguetti dos mocinhos Django, Ringo e Sartana e dos atores Giuliano Gemma, Clint Eastwood e Terence Hill, epítomes do gênero. Aos hormônios chucros importavam as ações, as porradas e os tiroteios; não a qualificação intrínseca dos filmes, embora poucos a tivessem, como os magníficos

"Três Homens Em Conflito" e "Era Uma Vez No Oeste", dirigidos pelo super talentoso Sergio Leoni. Na devaneadora adolescência, tocou-me a insurgência do "Neorrealismo", fervedouro cinematográfico de resistência ao fascismo – então, agonizante – e de exaltação da classe trabalhadora. A partir daí, em autópsia do funesto regime, a militância esquerdizante balizou a fantástica filmografia italiana, com uma pororoca de obras engajadas de extrema qualidade, o que, hoje, somente se manifesta excepcionalmente. Os fotogramas preto e branco de "Roma, Cidade Aberta", de Roberto Rossellini, e, notadamente, de "Sindicato dos Ladrões", de Vittorio De Sica, evidenciaram a escabrosidade do passado recente e enterneceram os cinéfilos. Apesar de precursor da corrente neorrealista com o filme "Ossessione" – vendeu joias da família para realizá-lo e, às vezes, com o trabalho financiado pelas liras do Partido Comunista Italiano –, o conde Luchino Visconti fascinou pelo refinamento visual com que retratava o seu familiarizado mundo aristocrático em "O Leopardo" e "Morte em Veneza", ambos premiados no Festival de Cannes. "Rocco e Seus Irmãos" e "Violência e Paixão" também se destacaram na prateleira do cineasta. Cultíssimo e sofisticado, Visconti dirigiu, com a mesma destreza e escala, teatro e ópera. No final dos anos 30, ele partilhou com o brilhante cineasta francês Jean Renoir a direção de uma montagem da ópera "Tosca", em Roma. Michelangelo Antonioni era outro engenhoso marxista que se esmerava, quando ambientava a "superficialidade" da burguesia, como em "Blowup". Já o notório homossexual e comunista Pier Paolo Pasolini – expulso do partido por "atos obscenos" em lugares públicos – desenvolveu criação mutante, disruptiva e, nos dizeres do próprio, "cruelmente hedonista" – e é aí que nós nos harmonizamos. O Cristo furibundo de "O Evangelho Segundo São Mateus", a inocência erótica de "Decameron" e a antropofagia sexual de "Teorema" inquietaram e encantaram os heterodoxos. O esquerdista Ettore Scola burilou, no mínimo, duas joias. "O Baile" alvoroça fascínio mudo e dançante, ao contar musicalmente parte da trajetória da França no século XX. "Uma Jornada Muito Especial" comporta trama de descobertas e de conciliações dos personagens principais, interpretados pelos icônicos Marcello Mastroianni e Sophia Loren, aclimatada no dia em que Hitler visitou Mussolini na Itália. Como curiosidade, a participação de Alessandra Mussolini, neta do ogro. Ela é cria de Romano Mussolini, filho do ditador, e de Anna Maria Scicolone, irmã de Sophia Loren. O hábito da inflexão política retumbava na manufatura gramsciana dos irmãos Taviani (Vittorio e Paolo), cujo sublime "Kaos" pronuncia-se. Mais internacionalizado dos cineastas ítalos, se tivesse assinado unicamente "O Último Tango em Paris", Bernardo Bertolucci asseguraria lugar no pedestal. Fez mais. Empreendeu o épico "1900", "A Estratégia da Aranha", "O Conformista" e "O Último Imperador". Em paralelo, há a tradição de focar tipos que potencializam o imaginário de exuberância prevalente do italiano. Na verdade, são mais do que tipos; são adoráveis e inesquecíveis figuraças. Filiam-se à essa laia os radiantes "Pasqualino Sete Belezas", de Lina Wertmuller com Giancarlo Giannini, "O Incrível Exército de Brancaleone", de Mario Monicelli com Vittorio Gassman, "A Vida É Bela", de e com Roberto Benigni, e "A Grande Beleza", de Paolo Sorrentino com Toni Servillo. A despeito do gigantismo de diretores e de diretoras, o cinema italiano deve, sobretudo, as atrizes o seu encantamento e a sua expansão. Nos anos 50/60, qualquer infante urbano da Terra, de alguma forma, já ouvira falar, vira ou se apaixonara pelo magnetismo de Sophia Loren, Gina Lollobrigida, Elza Martinelli, Anna Magnani, Claudia Cardinale, Silvana Mangano e Giulietta Masina. Foram elas que cristalizaram a imagem da filmografia italiana. Não é diferente nos demais centros. São as atrizes – divas ou não – que sumarizam as fantasias e o glamour da indústria cinematográfica. Os atores italianos (Aldo Fabrizi, Alberto Sordi, Ugo Tognazzi, Vittorio Gassman etc.) equivaliam-se em capacidade profissional, todavia não eram tão simbólicos e referentes internacionalmente, excetuando o incomparável Marcello Mastroianni.

Federico Fellini é caso de excelência à parte; não é à toa que se alegorizou em adjetivo e substantivo (felliniano). É dos cineastas que mais aprecio; possivelmente, o predileto. Em 20 de janeiro passado, teria completado o centenário de nascimento em Rimini, cidade da costa adriática que fora xodó de determinados imperadores, como Augusto, Adriano e Tibério. Nas suas imediações, Júlio César proferira a memorável frase "Alea jacta est" – cuja tradução adequada é "o dado foi lançado" –, ao se referir a perseguição que empreenderia a Pompeu, depois de atravessar o rio Rubicão. Em Rimini, Fellini morou até os 19 anos, quando migrou para Roma, para tentar viver como cartunista e desenhista. Iniciou-se profissionalmente escrevendo para o semanário satírico "Marc'Aurelio". Como co-roterista, participou do paradigmático filme "Roma, Cidade Aberta", de Rossellini. Em 1950, co-dirigiu, com Alberto Luttuada, a película "Luci Del Varietà". Em 1952, fez o primeiro voo solo com "O Abismo de um Sonho". No total, subscreveu 24 filmes, alguns para a televisão. A maioria filmada no lendário estúdio 5 de Cinecittà, na periferia de Roma. Lá, plantou os seus saborosos frutos, como "Os Boas-Vidas", "A Estrada da Vida", "Noites de Cabíria", "A Dolce Vida", "Oito e Meio", "Julieta dos Espíritos", "Satyricon", "Roma", "Amacord", "E La Nave Va" e "Ginger e Fred", entre outros, que lhe valeram cinco Oscar. Leituras sobre a simbologia dos sonhos, do renomado psiquiatra Carl Jung, emprenharam as narrativas de "Oito e Meio" e de "Julieta dos Espíritos" e fecundaram outros trabalhos. "Amacord" é o meu preferido. Talvez, por associá-lo à minha interiorana Macaé, com a profusão de figuras sui generis, de loucos plácidos, de situações caricaturais, de amores sofreados e de moçoilas vulcânicas à beira-mar. Coincidente, "Amacord" é de 1973, época em que deixei Macaé sozinho, com 16 anos e uma malinha que media 48 cm de comprimento, 36 cm de largura e 14 cm de altura, para estudar e se aventurar. É incrível que, ao contrário dos notáveis cineastas politizados contemporâneos, Fellini tenha se projetado mais do que todos com um conjunto criativo, marcantemente despolitizado, acentuando o fantástico, o onírico, o lúdico, o grotesco, a nostalgia, a carnavalização e a memorialística. Dezenas de livros esmiúçam as suas vida e obra. Em conversa com o cineasta canadense Damian Pettigrew, que rendeu um documentário e o livro *Fellini: Sou Um Grande Mentiroso*, o nume riminesi clarificou: "Minha natureza não é política. E o discurso político me confunde na maioria das vezes. Não o compreendo. Mas confesso isso como uma fraqueza. Como uma das minhas carências". Fellini tinha "horror" a qualquer engajamento político, pois o considerava indissociável do patrulhamento ideológico e do moralismo. Na biografia *Fellini por Fellini*, o artista abordou o distanciamento dos cativeiros ideológicos: "Hoje, sinto uma profunda aversão por todas as ideias que podem traduzir-se em fórmulas. Engajei-me no desengajamento". Em outro trecho, esclarecia: "O meu antifascismo é de ordem biológica. Jamais poderia esquecer o isolamento no qual a Itália fechou-se durante 20 anos". Inicialmente, o descompromisso ideológico concitou suscetibilidades, amainadas à medida em que a sua genialidade se impunha e se transformava em unanimidade. Entre infinitas sínteses de sua mágica filmografia, pode-se dizer que Federico Fellini, através dos seus heróis assintomáticos, facultou aos humanos o verdadeiro sentimento de humanidade.

Artisticamente nada se revelou tão relevante para os italianos – e, quiçá, para o mundo – do que o Renascimento florescido, no século XIV, nos estertores da lúgubre Idade Média. No século V, tribos teutônicas (godos, visigodos, viquingues etc., resumidos como bárbaros) arrasaram e pilharam a Europa e derrocaram o imponente Império Romano, principiando o período trevoso da Idade Média, que durou cerca de milênio. Em síntese, o Renascimento denotou um movimento histórico, intelectual e artístico que aludia a retomada do espírito e das formas da estupenda e inigualável cultura clássica greco-romana em substituição ao estilo gótico (a palavra origina-se em godos) preponderante. Os especialistas autenticam o florentino pré-renascentista Giotto precursor das mudanças e elo entre o estilo vigente e o renascentista, por causa da abundância de inovações em suas pinturas, humanizando os santos, vivificando a natureza e introduzindo novas perspectivas visuais nas telas. Até então e por bastante tempo mais, a arte dedicava-se exclusivamente aos temas religiosos ou lendários. Giotto converteu-se em celebridade e, provavelmente, no primeiro artista plástico autoral. Antes dele, o anonimato prevalecia, e os artistas eram vistos como artesãos, desapegados de prestígio social. Encomendava-se quadro, como se solicitava o serviço a um marceneiro. O pano de fundo político da ocasião era caliginoso, envenenado pelas seculares disputas entre os partidários do império (gibelinos) e do papado (gelfos). Em função da refrega, a própria sede do papado fora transferida temporariamente para Avignon, na França, e o poder fragmentara-se pela autonomia das cidades-estados. Nesse terreno poluído e infértil, germinou milagrosamente o Renascimento, beneficiado pela descoberta da editoração por Gutenberg e pela ilusória sensação de purificação através do mecenato. Alguns apatacados desprezíveis (papas, políticos, comerciantes etc.) financiaram artistas, no pressuposto de que se vinculando a eles atenuariam a percepção de suas práticas pestíferas. Adquirir obra de portento renascentista comparava-se a comprar indulgência na Igreja Católica, além de status social. Outros o fizeram por genuína sensibilidade artística. Um dos mecenas de Botticelli também custeou a expedição de Américo Vespúsio ao Novo Mundo. O invento de Gutenberg possibilitou, em proporções inimagináveis, a reprodução e a disseminação dos trabalhos. Diversas foram as sumidades italianas pré-renascentistas e renascentistas: Giotto, Piero Della Francesca, Donatello, Brunelleschi, Leonardo da Vinci, Michelangelo, Rafael, Ticiano, Botticelli, Caravaggio, Boccaccio, Dante, Petrarca etc. Da Vinci, Michelangelo e Rafael compuseram a Santíssima Trindade do Renascimento, de acordo com o respeitadíssimo professor E. H. Gombrich, autor do fundamental livro *A História da Arte*. "Mona Lisa", a obra-prima mais famosa do mundo, é a coroa de Leonardo da Vinci, para muitos o homem mais extraordinário de todos os tempos pela multiplicidade de talentos. O seu afresco "A Última Ceia", não obstante a condição física precária, é marco do catolicismo. Ele reflete o momento em que Jesus Cristo revela aos apóstolos que será traído por um deles. Perplexos e indignados, todos se agitam em cena, restando contidos apenas Cristo e Judas. Michelangelo, 23 anos mais moço do que Da Vinci, julgava-se, predominantemente, escultor – pai do esplendoroso "David" –, e resistiu assumir a tarefa que o papa Júlio II lhe conferira: abrilhantar o teto da Capela Sistina, que abrigava nas paredes obras de Botticelli, de Ghirlandaio e de outros. Relutante pelo escopo da empreitada e por já ter se indisposto com o papa pela frustração de projeto anterior, Michelangelo – "coagido" como se dizia – convocou assistentes em Florença e iniciou a façanha. De temperamento irascível, posteriormente, dispensou os colaboradores e sozinho concluiu a obra-mestra em quatro anos, sem deixar ninguém ter acesso a ela até finalizá-la. Pintou-a, solitário, deitado nos andaimes. Rafael, 31 anos mais novo do que Da Vinci e oito do que Michelangelo, ombreou-se aos dois mestres. Duas circunstâncias certificam a enormidade de Rafael. Por escolha do mesmo papa Júlio II, coube a ele fazer os afrescos das antecâmaras da Capela Sistina, onde imortalizou a esplêndida "A Escola de Atenas", composição que homenageava os admiráveis gregos da Antiguidade, que tiveram influência cabal sobre os italianos. Na lógica da arquitetura divina, somente Rafael estaria à altura de se aprumar junto a Michelangelo. O célebre Pantheon romano hospeda três mausoléus – os dos dois últimos reis italianos (Vittorio Emanuele II e Humberto I) e o de Rafael Sanzio. Na lápide do artista está gravado: "Eis o túmulo de Rafael. Enquanto viveu, a mãe natureza temia ser por ele derrotado; morto, agora, ela receia morrer junto".

Escritores exuberaram na Itália, principalmente na Antiguidade. Muitos consideram Horácio o súpero poeta. Filho de escravo liberto, ele viveu entre graúdos. Acolhido em círculo de artistas protegidos por Caio Cílnio Mecenas, inspirador do vocábulo mecenato, Horácio chegou a representar o imperador Augusto em missões oficiais. Seu jazigo e o de Mecenas ladeiam-se em colina de Esquilino. Viveu um período em Atenas, onde frequentou a Academia de Platão e se influenciou por Epicuro. É dele a expressão epicurista "Carpe Diem", legado da Antiguidade que se eterniza tatuado no corpo de jovens, supostamente, insubmissas e com atitude. Sua obra celebra a alegria, a amizade, a tolerância, o vinho e o amor. Fez ainda sátiras e críticas: "Na realidade, ninguém nasce sem vícios; o melhor é quem cai nos mais leves". Ciente da sua dimensão, Horácio escreveu: "Não morrerei completamente, e grande parte de mim escapará ao túmulo". Não foi o único da época. Também ecoaram, pelos séculos, as verves luzidias de Ovídio, Virgílio, Petrônio, Sêneca e Cicero. O Renascimento produziu nova fornada de escritores imorredouros – Dante, Petrarca, Boccaccio e Maquiavel. Dante é tido o sumo poeta da língua italiana, pois os imortais antecedentes cativavam em latim. Em matrimônio de arranjo, casou-se aos 12 anos com Gemma. Foi Beatriz Portinari, no entanto, que o enfeitiçou e imperou como sua musa por toda a vida. A febril relação platônica ocupou parte da monumental *A Divina Comédia* e de outras obras de Dante, e se perpetuou como um dos modelos universais das celebrações de amor. E Maquiavel notabilizou-se por redigir o maior tratado político do Ocidente. Na era moderna, Giuseppe Tomasi Di Lampedusa, Umberto Eco, Italo Calvino, Giuseppe Ungaretti, Alberto Moravia, Luigi Pirandello, Elena Ferrante e outros honraram a tradição literária italiana.

Devemos ainda aos italianos a gastronomia mais global, sociável e generosa de todas. Provavelmente, inexiste no planeta quem não tenha comido uma massa. E quantos se fizeram de chefs amadores e prepararam uma pasta para incrementar as artimanhas da sedução? E há os queijos, os embutidos, os azeites e os sorvetes. Os vinhos vieram de longe. Na Antiguidade, a nobreza e os artistas requintados bebiam Caecuban (conceituado o melhor), Falerno, Caleno, Mássico, Albano e Formian. Autor da "Ode À Uma Ânfora de Vinho", Horácio preferia o branco Caecuban. E o citou no afamado epinício "Nunc est bibendum" ("Agora é hora de beber"), que festejava a vitória de Otaviano sobre Marco Antônio e Cleópatra.

Estive quatro vezes na Itália; a última há menos de um ano, para peregrinação arqueológica influenciada pelo livro *SPQR*, da classicista inglesa Mary Beard. Cada vez gosto mais de lá. Planejava voltar agora, em abril, com o meu filho, para ver a exposição que sublinha os 500 anos de morte de Rafael. A maior mostra sobre o gênio renascentista começou em 5 de março e iria até 2 de junho, em Roma. Suponho que tenha sido suspensa pelas razões evidentes. Apesar de todas as calamidades momentâneas, a Cidade Eterna sobreviverá. Sempre.

Grazie, Itália.

25/03/2020

O Anticristo

O Anticristo é entidade recorrente e imprecisa na crônica do cristianismo. Outras culturas religiosas o deslegitimam, embora poucas admitam figuração assemelhada, tal qual Dajjal no Islã. O Anticristo surgiu no Novo Testamento, seleta de mais de cinco mil manuscritos compilados, após o Primeiro Concílio de Niceia, em 325 d.C., que resultou nos 27 livros da segunda parte da Bíblia. De acordo com os excertos sagrados, o Anticristo é "personagem escatológico" opositor a Cristo e dominará o mundo provisoriamente até ser derrotado pelo Cristo redivivo. Nos dicionários, a expressão escatologia, além da acepção corriqueira, designa a doutrina das coisas que devem acontecer no fim dos tempos, manifestando-se em discurso profético ou contexto apocalíptico. No Novo Testamento, o Anticristo aparece quatro vezes explicitamente em epístolas de João Evangelista, e, por parábola, em citações, entre outras, de Daniel ("homem vil" e "o assolador"), Zacarias ("pastor inútil"), Mateus ("abominável desolação") e na II Tessalonicenses de Paulo ("homem da iniquidade" e "filho da perdição"). "Ninguém de modo algum vos engane; porque o dia não chegará sem que venha primeiro a apostasia e seja revelado o homem da iniquidade, o filho da perdição", II Tessalonicenses 2:3. Para o apóstolo João, o Anticristo é o "espírito de oposição" à existência de Cristo e aos seus ensinamentos; o "Messias demoníaco" travestido de divino. Resumindo; da maneira que Deus fixou Jesus Cristo como o seu "Filho", entre os homens, Lúcifer faria o mesmo com o Anticristo. Em certas passagens, a Bíblia qualifica o Anticristo com predicados positivos – ente sábio, inteligente e sedutor –, ao contrário da costumeira alegoria mefítica e terrífica alastrada no imaginário mundial e reproduzida, por exemplo, no cinema, através dos filmes "O Bebê de Rosemary", de Roman Polansky, "Anticristo", de Lars von Trier, e da franquia "A Profecia". O teólogo, filósofo e escritor russo Vladimir Soloviov, inspirador de Dostoiévski e Tolstói, no livro *Breve História Sobre O Anticristo*, de 1899, apontou o risco da besta ser aceita como "benfeitor tão amável, que será aclamado em todos os jornais". Ao sabor das conveniências históricas, muitos personificaram o Anticristo – Nabucodonosor, Nero, Stalin... Alguns intérpretes das profecias de Nostradamus afiançam que o Anticristo são três – Napoleão, Hitler e o que ainda está a vir. Às vezes, a pecha recaí sobre o inimigo imediato a ser enfrentado. Até Lutero foi timbrado; afinal, a sua revolta contra a Igreja Católica só podia ser inspiração do Demônio. Apesar dos inúmeros vultos já indigitados, o presságio não se esgota, e há um eterno devir. Cirilo I (ou Kirill), patriarca da Igreja Ortodoxa Russa, agourou que o "Anticristo usará a internet para controlar a humanidade".

Em determinados relatos, os conceitos de Anticristo e de Anticristão embaralham-se na Bíblia e em outros textos. Em *Der Antichrist* ("O Anticristo" ou, igualmente, "O Anticristão" em alemão), Friedrich Nietzche edificou um dos mais erosivos tratados de demolição do cristianismo. No caso, o filósofo alemão privilegiou o olhar do Anticristão, e não a fisionomia bíblica do Anticristo. Consciente das dificuldades de compreensão e de aceitação da sua exprobação, Nietzche asseverou no prólogo: "Somente os dias vindouros me pertencem. Alguns homens nascem póstumos". Na obra, ele consagrou a sua frase mais citada: "Deus está morto". Em suma, Nietzche entendia que o cristianismo transformou em ideal as fragilidades humanas, emulando a prostração, a pobreza, o fracasso e demais insuficiências. Para ele, a contraposição do bom/bem ao mau/mal, celebrada no cristianismo, não passava de "estratagema de derrotados". "O doentio moralismo ensinou o homem a envergonhar-se de todos os seus instintos", desaprovou Nietzche. Posteriormente, as suas formulações corajosas e controversas foram associadas ao nazismo vicejante 20 anos depois do falecimento do filósofo, que não exibia, portanto, ranços racialistas.

Há fundamentalistas que traduzem as leniências pragmáticas adaptativas do próprio cristianismo como fraquezas instiladas pelo Anticristo, através de uma espécie de naturalização dos pecados. A questão do adultério é modelar. Considerado delito grave em quase todas as civilizações durante milênios e sujeito a punições severíssimas, o adultério cultiva ainda o status de sacrilégio no arcabouço hierático, mas se livrou dos opróbrios inerentes nas sociedades amancebadas com a contemporaneidade. Criminalizado desde o Velho Testamento, com a pena de apedrejamento, o adultério conviveu com os atos desonerados de poligamia e de concubinato praticados pelos hebreus. Abraão, o primeiro dos patriarcas bíblicos, teve a esposa Sara e a concubina Agar. Para muitos, o Anticristo também se mostra presente na configuração de nova práxis religiosa. Ou seja, os autênticos ensinamentos de Cristo discrepam da influência, do poder e da expansão das "religiões terrenas", que acabam, na verdade, se tornando entrepostos anticristãos.

Pelas circunstâncias vicinais, é tentadora a tese de correlacionar o presidente Jair Messias Bolsonaro ao Anticristo; contudo seria inapropriado, uma fake news. O nosso Messias carece de dimensão. Há precedências na fantasmagoria internacional. No mais, o Novo Testamento alinha atributos edificantes – tais quais sabedoria e inteligência – ao Anticristo em estados de camuflagem e de dissimulação. O que, por si, já suprime qualquer possibilidade de conexão. Pelas referências, o Anticristo afigura-se criatura ardilosa do mal, não um dementado. A despeito da desassociação, devemos ficar atentos à advertência de Mateus: "Aparecerão falsos Cristos e falsos profetas que emitirão grandes sinais para, se possível, enganar até os eleitos". Neste ambiente de múltiplos governantes perversos e aluados, por precaução, cabem as dissertações do luterano alemão cognominado Abdruschin no livro *A Luz da Verdade: Mensagem do Graal*, de 1931: "O Anticristo, vendo-se descoberto, contestará rapidamente por meio dos seus seguidores; ao ser desmascarado, gritará, tentando fazer de tudo para se manter no trono que a humanidade de bom grado lhe ofereceu. Todavia, tudo isso ele só pode fazer por meio daqueles que, em seu íntimo, o veneram". Se é impróprio emoldurar Bolsonaro como o Anticristo, há perspectivas admissíveis de se vincular o bolsonarismo ao escopo do Anticristão, na contrafação e na refutação dos valores éticos e morais rascunhados pelos apóstolos na Bíblia. Sem generalizações maniqueístas e reducionistas, há enormes segmentos do bolsonarismo cevados em princípios anticristãos, inclusive, paradoxalmente, alguns que transacionam a fé em Cristo. Para esses, os sentimentos de respeito, bondade, solidariedade, gratidão, tolerância e de convívio com os diferentes são meras vocalizações abstratas. Conforme disse Jesus Cristo ao fariseu, o primeiro mandamento é "Devemos amar a Deus sobre todas as coisas" (Mateus 22:37, 38; cf. Deuteronômio 6:5), e o segundo é "Amarás o próximo como a ti mesmo" (Mateus 22:39; cf. Levítico 19:18). Os que se dizem cristãos deveriam seguir os dois cânones básicos. É provável que o Anticristo bíblico nunca chegue. E é inegável a degradação dos melhores e universais preceitos cristãos. Crentes e incréus podem estar a caminho de futuro horrendo.

14/04/2020

Jorge Mautner e o disco voador

Mautner e eu vimos um disco voador. Juntos. A história aconteceu há mais de três décadas, e sempre nos incentivamos mutuamente a revelá-la. Nunca o fizemos, porém. De minha parte, sei a razão. Além da inverosimilhança do fato, por timidez crônica e improdutiva, tenho colossal dificuldade de me manifestar na primeira pessoa. Hermeticamente introvertido, doentiamente racional e habitualmente insocial, quase não falo de mim, inclusive para parentes e amigos. Mautner mora em prédio vizinho, e, eventualmente, nos cruzamos pelas calçadas do bairro e botamos a conversa em dia. Litúrgico, comporto-me como discípulo cativado e comedido que ouve o sábio mestre, tal qual Antístenes diante de Sócrates. Maldizemos os políticos, anatematizamos o politicamente correto e o moralismo vigente, poetizamos a sexualidade e, principalmente, praticamos jardinagem espiritual, cultivando flores de divindades hedonistas e epicuristas. ("Belezas são coisas acesas por dentro/Tristezas são belezas apagadas pelo sofrimento"). Mautner é interessantíssimo, amável, vulcânico e único. Essencialmente, um amálgama do bem. ("Na matemática do desejo/Eu sempre quero mais um mais um mais um beijo"). As deliciosas músicas "O Vampiro", "Quero Ser Locomotiva", "Maracatu Atômico", "Eu Não Peço Desculpa", "Matemática do Desejo", "A Bandeira do Meu Partido" e "Lágrimas Negras" irradiam a originalidade do multifacetado artista. Há pouco, entrou no ar o saboroso documentário "Jorge Mautner – Kaos em Ação", em quatro partes e dirigido por Mini Kerti. Infelizmente, só consegui provar bocados. No fim do último capítulo, uma cena banal se transforma em extraordinária pela sagaz inteligência do demiurgo. Mautner levanta-se de banco público e, ao engrenar passos lentos, olha, clemente, para a câmara e improvisa em tom de genial epitáfio: "Agora, vou embora. E, ao ir, fico".

Antes de conhecer Jorge Mautner pessoalmente, já o admirava. Na primeira metade dos anos 70, conterrâneos criativos, que animavam o jornal alternativo local *Burzeguim*, levaram-no a Macaé, para fazer show na ruína de equipamento cultural em construção. Presenciei a psicodélica performance, mas não fomos apresentados. Em 1986, eu trabalhava na *Tribuna da Imprensa* e fui cobrir showmício do, então, candidato a governador Fernando Gabeira, em Friburgo. Por sugestão de Gabeira, peguei carona no carro de Lucélia Santos que conduziu Jorge Mautner e o seu talentoso parceiro Nelson Jacobina ao evento naquela gélida noite de sábado. Éramos quatro: nós três e o motorista, cujo nome me escapa. Me relacionava com o meigo Nelson Jacobina nos orgiásticos Posto 9 e Baixo Leblon. Posteriormente, sua irmã se casou com um amigo macaense, já falecido. Pegamos a estrada, quando apenumbrava. Eu acabara de ler *Criação* – "o maior romance de Gore Vidal", segundo o *New York Times* –, e me encontrava enfeitiçado pelas 789 páginas do tijolo. O livro aborda um dos períodos mais fascinantes da história da humanidade, o século V a.C. Nele, viveram alguns dos personagens mais impressionantes e relevantes de todos os tempos – Buda, Confúcio, Dario, Heródoto, Péricles, Sócrates, Xerxes e muitos outros. No centro da narrativa, o ficcional Ciro Espítama, neto do profeta Zoroastro, tece enredo povoado por gigantes eternos. Possuído pelo cartapácio, eu derramava encantamentos de séculos desvividos. Se não bastasse a vertigem da dança dessas ricas personalidades, Mautner avocou o magnífico livro *Noites Antigas*, de Norman Mailer, que me maravilhou ao lê-lo adiante, sugestionado pelo trovador. A obra de Mailer ambienta-se no Egito dos faraós, e leva o leitor a mundo misterioso de reencarnação, magia, telepatia, deuses e mortais. O protagonista é Menenhetet I, que, ao reencarnar como II, III etc., convive com o grande Ramsés II, a rainha Nefertiti e outros soberanos egípcios de ciclos distintos. Colateralmente, deliciávamo-nos com a disputa escancarada e exaltada de Gore Vidal e Norman Mailer pela abstrata titulação de melhor escritor americano daquela geração. A viagem transcorreu toda sob o auspício de titãs da antiguidade, sem espaço para as gentes e as circunstâncias insignificantes da contemporaneidade.

Findo o comício, Gabeira decidiu pernoitar na cidade e nós voltamos de madrugada. No caminho, o firmamento estava limpo e estrelado. "De todas as coisas visíveis, a mais alta é o céu das estrelas", dissera Copérnico. Repentinamente nós quatro começamos a ver uma luz inusitada pincelando a aquarela celeste; ora comportada, contida, ora indisciplinada, arisca. Sob o véu da escuridão, paramos o carro no acostamento e saímos para ver o fenômeno. Ficamos lá alguns minutos, nós e a luminescência além. Pela velocidade dos deslocamentos e dinâmica dos movimentos, desassemelhava-se a tudo que pudéssemos comparar; nem avião, nem helicóptero, nem vagalume, nem beija-flor. Subitamente e sem se despedir, desapareceu. Configurou-se inevitável associar a cintilação a objetos não identificáveis. Não nos assombramos. Pareceu-nos possível o espetáculo. O "disco voador" seria manifestação dos deuses ou dos heróis da antiguidade? Ou radiação do futuro? Cansados, sensibilizados e meditativos, retornamos silentes. No dia seguinte, o *Jornal do Brasil* estampou na primeira página matéria informando que, em vários pontos do país, pilotos comerciais registraram a aparição de OVNIs naquela fantástica noite. Recentemente o governo americano confirmou a autenticidade de três vídeos com pilotos da Marinha perseguindo OVNIs. As imagens viralizaram nas redes, e o *New York Times* já as tinha divulgado em anos anteriores. Por seu lado, a CIA liberou 13 milhões de páginas com depoimentos de pessoas que dizem ter avistado objetos inidentificáveis. Mautner, nós também vimos o nosso. Lamentavelmente, Nelson Jacobina nos deixou. Como você reitera, ele iria gostar que contássemos essa aventura. Contada está, pois.

Para mim, o "disco voador" – ou seja lá o que fosse – anunciou-se como uma baita singularidade. Para Mautner, talvez, não. No opúsculo "Fragmentos de Sabonete", de 1973, ele aponta: "Foi em 1958 que eu vi e que tinha visões e me sentia como médium de mensagens que vinham através do disco voador, sugerindo, sussurrando ao meu inconsciente paisagens e atmosferas poético-musicais". No livro *Kaos*, de 1963, Mautner descreve: "Ele parou de repente no ar, ficou alguns segundos no ar. E foi só, depois foi embora, foi para longe, para o alto. Sumiu. Parecia um copo de uísque que voasse e girasse, só, triste, abandonado a sua estranha velocidade e paradas bruscas. Coitado. Eu tenho dó do disco voador". Com a palavra, o doce menestrel.

09/05/2020

Viva a Rede Globo!

Malhar a Rede Globo virou esporte nacional há tempos. Motivações alicerçadas não faltam e se concentram, prioritariamente, no jornalismo da emissora. O carma da oposição caracteriza a grande imprensa internacional, que nunca se exibiu tão independente quanto se propala aqui e alhures. Normalmente, ela é de essência capitalista e tem interesses, empresariais e públicos, o que não a torna, automaticamente, contaminada e indigna de crédito, sobretudo comparando-se à irresponsabilidade e à mentirada borbulhantes das redes sociais. A prevalência do espírito oposicionista determina a narrativa dos noticiários. "Si hay gobierno, soy contra", este lema anarquista descreve a imperiosa natureza da imprensa profissional. Sentenças famosas de George Orwell e Millôr Fernandes corroboram-na. Na maioria das vezes, a abordagem é conjuntural. Quando pessoal, é porque o personagem sintetiza o contexto afrontado. Ademais, estronda a índole moralista que sustenta a pretensão da imprensa de palmatória do mundo e de abstrato "Quarto Poder", como sugeriu o filósofo e político irlandês Edmund Burke, artesão do conservadorismo moderno.

O Grupo Globo arrependeu-se, publicamente, do apoio à ditadura militar em 1964. À época, com raríssimas exceções, a quase totalidade das empresas de comunicação do país aderiu à quartelada; entre elas, os influentes jornais *O Estado de S. Paulo* e a *Folha de S. Paulo*, igualmente penitentes. O jornalismo da Globo enrascou-se em outros notórios episódios na década de 80: Proconsult, Diretas Já e o debate Collor e Lula. Os petistas acusam-na de abanar o impeachment de Dilma e de servilismo às arbitrariedades da Lava Jato. A benfazeja operação, de fato, em algumas ocasiões exorbitou à legalidade e espetacularizou, desnecessariamente, procedimentos, sem questionamentos da emissora; na aparente lógica de que os fins justificavam os meios. Como sócios do "saneamento", outros veículos procederam da mesma maneira e endeusaram juízes e promotores provincianos e deslumbrados. Só muito depois do circo armado, dos power points artificiais, dos constrangimentos, exclusivamente, midiáticos, como a prisão do ex-presidente Michel Temer, dos inapropriados conciliábulos de Moro e promotores supurados pela Intercept, os abusos começaram a ser objetados. Agora, contingentes bolsonaristas encanzinam-se com a Globo por resistir aos desmandos do "Mito" e defender a democracia. Patológicos e siderados, desconsideram que o maior adversário de Bolsonaro é ele próprio e bradam fabordões pasteurizados. O "ABAIXO À REDE GLOBO" encruza os cortejos ideológicos. Governos – até os democráticos – abominam a imprensa livre. Os autoritários tentam controlá-la. A esses há que se resistir permanentemente; seja qual for o governo de plantão.

Como canal aberto e alcançando 99% dos brasileiros, a robustez da Globo ampara-se na área de entretenimento, mais suscetível às características do meio e ao público, majoritariamente, desideologizado e de educação precária. Gente simples sensível ao divertimento e às emoções primárias que encontra na televisão cataplasmas para aliviar os perrengues cotidianos. E a emissora atende a essas demandas com nível profissional inigualável no país e parametrizado às melhores referências internacionais. Esporte na Globo não é jornalismo, é entretenimento. Os narradores e comentaristas esportivos são comumente convencionais e acríticos. Eventuais desaprovações e observações desconfortáveis não são bem-vindas. Em toda a programação da Globo – inclusive no jornalismo –, apenas transitam juízos avalizados. A rigor, essa é a norma de segurança regente nas TVs comerciais; nada de espasmos opinativos, confinados aos restritos canais por assinatura. O importante são os espetáculos, não as performances individuais, embora essas possam enriquecer os eventos e galvanizar paixões. Revestidos de produção impecável, os shows esportivos da emissora emocionam e contagiam. Por causa da Globo, gerações passaram a acordar cedo no domingo para torcer por nossos excelsos pilotos de Fórmula 1, notadamente Emerson Fittipaldi e Ayrton Senna. A emissora introduziu cardápio inusual na dieta esportiva do brasileiro, limitada, até então, as calorias do futebol.

Voleibol, basquetebol, futsal, futebol feminino e outras modalidades coletivas conquistaram milhares de devotos. Pelas imagens caprichadas da Globo, fomos apresentados aos talentos de Oscar Schmidt, Hortência, Bernardinho, Marta, Isabel, Falcão, Serginho, Giba, Hélio Rubem, Fofão, José Roberto Guimarães, Paula, Fabi, Pretinha e de dezenas de dotados. Nos desportos individuais, não foi diferente. Vibramos com as glórias de Joaquim Cruz, Robson Caetano, Maureen Maggi, Isaquias Queiroz, Torben Grael, Robert Scheidt, Diego Hypólito, Rafaela Silva, César Cielo, Aurélio Miguel, João do Pulo e de muitos outros. A despeito dos procedentes muxoxos sobre o seu caráter impositivo no universo esportivo, a Globo contribuiu para a pujança do futebol brasileiro e a fidelização dos torcedores aos respectivos clubes. Carimba nas transmissões esportivas o que se convencionou chamar de "padrão Globo de qualidade", com um diferencial e sedutor esmero tecnológico de primeiro mundo, inalcançável aos concorrentes.

Os produtos humorísticos e musicais da emissora também cintilam. Poucos países reúnem tantos humoristas extraordinários como o Brasil. A emissora sempre abrigou a maioria deles e produziu programas admiráveis de humor, embora a atividade esteja em transição, devido à decorrência de novas e prioritárias urgências comportamentais. A "Escolhinha do Professor Raimundo", em suas duas edições, sumariza o rico repertório. Na versão original, entre outros, desfilavam portentos como Grande Otelo, Lúcio Mauro, Cláudia

Jimenez, Brandão Filho, Orlando Drummond, Berta Loran, Walter D'Ávila, Zezé Macedo, Agildo Ribeiro, Paulo Silvino e Costinha, sob a batuta de Chico Anysio, um dos maiores gênios da TV brasileira. Na reciclagem geracional, o programa acolhe os competentes Leandro Hassum, Fabiana Karla, Marcelo Adnet, Lúcio Mauro Filho, Marcius Melhem, Marcos Caruso, Mateus Solano, Otávio Müller e Betty Gofman, comandados por Bruno Mazzeo. As apresentações musicais igualmente destacam-se e entretêm públicos diversos. O especial de fim de ano com Roberto Carlos carrega o DNA de distinção da casa, transfundido a todos os programas. As atrações "Chico & Caetano", "Amigos" e similares deleitaram e encarnaram diversidade artística. Os "The Voice Brasil" e "The Voice Kids" assombram-nos pela quantidade de dons revelados. Vocações incógnitas escavadas em cantões e expostas a todo o Brasil. Os programas de auditório consolidaram-se como ativos da emissora. A "Buzina do Chacrinha" foi o ápice, pela genialidade do apresentador.

No âmbito da teledramaturgia, a emissora sobrepuja a concorrência mundial. Novelas, minisséries e especiais transbordam de funções meramente dramatúrgicas e educam, sintonizando-se com um país plural. Em amplas dimensões, ninguém rompeu com mais tabus e preconceitos do que a usina de fantasias da Globo. Nada concernente à contemporaneidade ficou de fora da perspectiva e da sensibilidade do esplêndido corpo de diretores, roteiristas, atores e técnicos da emissora – homossexualidade, bissexualidade, transexualidade, aborto, pedofilia, prostituição, barriga de aluguel, abuso sexual, poliamor, drogas, tráfico sexual, racismo, deficiência física etc. Essa agenda pode não fazer sentido a muitos, mas é fundamental que seja abordada sem prejulgamentos e intolerâncias. O combate ao racismo, por exemplo, é crucial. Tudo isso chegou a legiões de brasileiros através de artistas maravilhosos e ilustrado por notável ourivesaria dramatúrgica. Em país continental, milhões estariam privados do encantamento de uma Glória Pires e de um Milton Gonçalves, se não fosse a Globo. Que percentagem de brasileiros poderia conhecer e se deslumbrar com Fernanda Montenegro – uma das maiores atrizes do planeta – fora da telinha? Há também esse aspecto. Parte do que germina de relevante na cultura brasileira é potencializada pela Globo. Para a sua excepcional e vanguardista teledramaturgia, a emissora reserva cinco horários fixos e um eventual, após às 22 horas. Na faixa nobre, encaixam-se três produtos dramatúrgicos. Existem concretas razões para ponderar os equívocos políticos da emissora, sem olvidá-los. Há anos que a Globo é a principal resistência ao atraso mental e comportamental no país. E, gostemos dela ou não, consolidou-se como uma das maiores e mais destacadas redes televisivas globais, pela excelência humana e exuberância tecnológica.

A Globo não é somente o departamento de jornalismo, que descontenta governos, sequelados ideologicamente e, às vezes, muitos de nós. Podemos discordar de abordagens nos telejornais. Constantemente, discordo. Várias notícias parecem prenhes de conveniências secundárias e de idiossincrasias de patrões e editores. Não há aí, porém, nada de original. É assim em todos os substantivos difusores de comunicação do mundo. Nos adjetivos, idem. A imprensa é livre, todavia não é independente. "Amo-a (a liberdade de imprensa) pela consideração dos males que ela impede, mais ainda do que pelos bens que produz", afirmou o sociólogo, historiador e político francês Alexis de Tocqueville, pensador da democracia moderna. Frequentemente reprovamos decisões tomadas pelos Judiciário, Legislativo e Executivo, entretanto eles configuram-se inarredáveis pilares da ordenamento democrático. Identicamente a harmonia entre os Poderes, a liberdade de imprensa compõe o arcabouço democrático. E a democracia continua sendo a melhor expressão de sistema de governo na modernidade, apesar de suas insuficiências. O resto é bestialidade e ruína. O fundamental é a luta da Rede Globo, agora, contra as tendências autoritárias, o medievalismo e a barbárie que nos acossam. A emissora esforça-se, nitidamente, para inserir o Brasil no século XXI, enfrentando hostes apocalípticas pré-iluministas. Sem falsas saudades e ingênuas ilusões em relação à emissora, diante do contexto presente, viva a Rede Globo.

16/06/2020

Deduragens e estátuas

Esta semana o ex-conselheiro de Segurança Nacional dos EUA, John Bolton, lançou o livro *The Room Where It Happened* ("A Sala Onde Tudo Aconteceu", em tradução livre), no qual acerta contas com presidente Donald Trump. Experiente frequentador do icástico "Salão Oval da Casa Branca", ele acudiu também os ex-presidentes republicanos Ronald Reagan e os dois Bush em diversas funções. Ex-militar, advogado, diplomata e político, Bolton fantasia-se de "Falcão", membro de uma tribo nacionalista, belicista e intolerante na seara das relações internacionais americanas. Como subsecretário de Estado do governo George W. Bush, mercadejou a tese de que Saddam Hussein possuía armas de destruição em massa, que alicerçou a invasão ao Iraque e se comprovou falsa posteriormente. Na administração de Donald Trump, na condição de Conselheiro de Segurança Nacional, preconizou, inclusive publicamente, atacar a Coréia do Norte. Segundo a mídia, no opúsculo, Bolton confirma a indevida chantagem de Trump sobre o presidente da Ucrânia, que originou o processo de impeachment rejeitado pelo Senado, majoritariamente republicano. Na ocasião, no entanto, Bolton recusou-se a apresentar o seu testemunho. O livro traz ainda a revelação de que Trump teria pedido esdrúxulo socorro ao presidente chinês Xi Jinping na jornada eleitoral americano em curso. A China anabolizaria compras de produtos americanos para robustecer, artificialmente, a economia dos Estados Unidos, beneficiando Trump na corrida à reeleição. Bolton borrifou tintas de incultura sobre o presidente americano, ressaltando desconhecimento de que a Finlândia fosse um país independente – e não apêndice da Rússia – e de que a Inglaterra acondicionasse arsenal atômico. (Desconhecimento, aliás, que eu suponho não seja privilégio do presidente americano na atual safra de governantes). De acordo com Bolton, os movimentos de Trump objetivam somente a reeleição, e não o fortalecimento da nação. Trump tentou embargar a publicação da obra sob argumentos de segurança nacional, mas a justiça a liberou. Ao que tudo indica, John Bolton e Donald Trump merecem-se. Difícil avaliar a influência das revelações na campanha eleitoral americana. Elas parecem não melindrar o arraigado eleitorado "trumpista". Não há incompatibilidade do dito por Bolton com o perfil de Trump. Igualmente obscuras são as verdadeiras razões que levaram Bolton a fazê-las. Bolton acostumou-se a dieta de engolir sapos graúdos e os seus olhinhos já viram de quase tudo. Calejado demais para se mover por mágoas. Rancores tipificam amadores, não profissionais como ele. Pela idade avançada e ausência de perspectivas de poder, John

Bolton talvez tenha se rendido à essência da alma americana e monetizou as suas circunstâncias. Não à toa, ao saber das denúncias, o presidente Trump sintetizou: "Disse isso para vender livros". Desfulanizando e reflexionando, despe-se de virtude gente atuante e beneficiária de contextos delicados ou impróprios que se rebela e se põe a delatá-los. Delações, sob bárbaras torturas e ameaças físicas concretas, é outra coisa. Algumas "entregas", no bojo de imbróglio judicial ou na lógica de proteção familiar, podem até ser compreensíveis, embora não devam perder, como regra, a marca negativa da deduragem. Já a delação gratuita e espontânea configura-se indefensável, a despeito das intenções e do foro escolhido. Aparentemente, o livro de Bolton ostenta a tatuagem asquerosa do dedo-duro. "Ainda que a traição agrade, o traidor é sempre odiado", alertara Miguel de Cervantes.

Com atenuantes, o livro *The Chiffon Trenches* ("As Trincheiras de Chiffon", em tradução livre) acolhe a autobiografia de André Leon Talley, que, entre múltiplas peripécias, foi o braço direito da poderosa Anna Wintour na *Vogue* americana, a bíblia da moda mundial. O autor não condescendeu com a ex-chefe, reforçando os estigmas pejorativos que a adornam como os casacos de pele. A rigor, Wintour não precisaria dele para lustrar apanágios de temperamental, autoritária e gélida, cevados, caprichosamente por ela, durante décadas. Todo o universo fashion os conhece. Anna Wintour embasou a personagem Miranda Priestly, interpretada pela fabulosa Meryl Streep no saboroso filme "O Diabo

Veste Prada", brotado de livro homônimo ficcional de Lauren Weisberger, ex-assistente da editora, que negou, defensivamente, ter se inspirado na papisa da moda. Descrente em Weisberger e provocante, Anna Wintour compareceu trajada de Prada à sessão de pré-estreia da película, que cumpriu trajetória exitosa nos cinemas e rendeu 350 milhões de dólares. Implicante, Talley observa que Wintour "não ama a moda, e sim o poder" e que as relações dela são, exclusivamente, de interesse. Wintour aparenta ser aquele tipo de criatura que só sorri para o semelhante como investimento. Talley não é uma verruga tal qual Bolton. Além de 1,98 metro de altura, ele é figuraça da cultura pop americana desde os anos 70, quando trabalhou na Andy Warhol's Factory e na revista *Interwiew*. Labutou também no *The New York Times* e na *Elle* francesa, e foi selecionado como um dos 50 homossexuais mais influentes dos Estados Unidos pela publicação gay Out. No papel de si próprio, este negão enorme e estiloso participou de oito filmes e documentários, inclusive em "Sex and the City". Na *Vogue*, deu expediente de 1983 a 1995 e de 1998 a 2013, na frequência de fiel escudeiro de Wintour, vista por ele, agora, como "incapaz de ser bondosa". André Leon Talley atribui sua saída da *Vogue* ao fato de Anna Wintour considerá-lo "muito velho, muito gordo e muito sem graça"; resumo demasiadamente simplista para quase três décadas de sociedade. Na divulgação do livro, Talley tem feito périplo pelos principais veículos de comunicação americanos e espichado as críticas a Wintour, acusando-a de minimizar a presença de profissionais negros na revista, justamente neste momento delicado em que o tema racial pulsa nos EUA, após a morte de George Floyd. De fato, conforme levantamento do site "The Pudding", apenas três negras honraram a capa da revista neste milênio até então – a atriz Lupita Nyong'o, a tenista Serena Williams e cantora Beyoncé, esta clicada pelo fotógrafo negro Tyler Mitchell, em 2018. Em comunicado, Anna Wintour assumiu a responsabilidade pelas omissões e deu a entender que reciclará as práticas presentes, adequando-as às narrativas contemporâneas. Com 71 anos e pela sua dimensão no mundinho de descolados de Nova Iorque, André Leon Talley tem todo o direito de esculpir a autobiografia como lhe apraz. Não pode negar, porém, que as pinimbas com Wintour fecundam-se no cristalino ressentimento. Diversas figuras geniais, visionárias ou super talentosas insinuam-se desagradáveis, cruéis e insuportáveis pessoalmente, como parece ser Anna Wintour. Os construtores de impérios e de empreendimentos distintos, geralmente, são dessa laia. O irascível Michelangelo enxotou todo mundo, trancou-se na Capela Sistina e concluiu sua obra-prima sozinho durante quatro anos. Alexandre, o Grande, Júlio César e Napoleão não eram carinhas legais. Existem alguns poucos que dialogam com a História, lixando-se para as gentes. O sólido e paradigmático capitalismo americano forjou-se pela têmpera de realizadores inclementes. Henry Ford, Andrew Carnegie, Cornelius Vanderbilt, Steve Jobs e Mark Zuckerberg e outros anátemas do capitalismo construíram empresas e fortunas atropelando milhares. Pelo tempo de convivência com Anna Wintour e importância de ambos no ambiente da moda, seria impossível André Leon Talley fazer uma autobiografia e não a citar. Poderia tê-lo feito, todavia, por prisma mais generoso e elegante. "A ingratidão é um direito do qual não se deve fazer uso", ensinou Machado de Assis. Particularmente, sempre me incomodam as manifestações de desaprovação entre pessoas que partilharam intimidades e cumplicidades por longo tempo, seja qualquer a circunstância.

No momento, do ponto de vista humano e histórico, inexiste propósito mais relevante do que o combate ao racismo. Degolar e derrubar ícones, entretanto, é outro departamento. A questão reveste-se de pertinência em determinados eventos, mas não se avança por aí. De modo geral, as estátuas e os monumentos floresceram em contextos históricos e, até, paroquiais que os justificavam, mesmo não sendo consensuais. Há exemplos objetivos e quase unânimes de condenação. Seria inimaginável e inaceitável a construção de imagens de Hitler na atualidade. Há casos, contudo, totalmente subjetivos e ingênuos, como os que vitimaram as representações de Cristóvão Colombo, por associá-lo, diretamente, ao extermínio de indígenas em solo americano, pelo simples fato de ele ter descoberto a América. Parábola difícil de compreender. Estátuas de Winston Churchill, quiçá o maior herói da Segunda Guerra Mundial, foram vilipendiadas em Londres e em Praga, por suas posições a favor do Império Britânico colonialista. Em 1802, Napoleão Bonaparte restituiu a escravidão nas colônias francesas, que haviam sido abolidas pela Revolução Francesa. A magnífica, reverente e turística tumba de Napoleão deveria ser retirada dos Invalides, pela sua iniciativa pretérita sob os olhos do presente? Em Paris, borraram de vermelho a estátua de Voltaire, que fez parte da sua riqueza com o comércio na era colonial. Voltaire fora uma das maiores expressões do Iluminismo, que inspirou tanto a Revolução Francesa quanto a Independência Americana. Notabilizou-se por defender as liberdades civis, afrontar o absolutismo e criticar a interferência da religião no sistema político. Agora, tem a estátua maculada pela ignorância prevalente, que, às vezes, se refugia em causas justas. Como se pressagiasse, Voltaire dissera: "A primeira lei da natureza é a tolerância; já que temos uma porção de erros e fraquezas". As pirâmides egípcias erguidas sobre os dorsos de escravos necessitariam vir abaixo? E as referências iconográficas do Império Romano, arquitetado sobre as desgraças de inúmeros povos? Como talibãs, nos arremessaremos furiosos contra 70% do patrimônio cultural da humanidade? Não dá para julgar a história fora do espírito do tempo. No mais, como sois acontece quase sempre, as ondas insurgentes alimentam-se mais de instintos primitivos, de modismos de estação e de hormônios nervosos do que de fundamentos históricos e de racionalidade pragmática. Voluntarismos encapados por orgulhosa e vasta ignorância. Pode ser que haja uma ou outra exceção cabível de remoção e de confinamento em lugares apropriados, sob a supervisão de historiadores. O resto deve permanecer intocado. Além de inúteis, esses movimentos justiceiros de cancelamento mostram-se diversionistas e contraproducentes. Como dizia Darcy Ribeiro, "esta é a esquerda que a direita gosta". Urge avançar na luta contra o racismo. As energias iluministas têm que se concentrar nesta tarefa prioritária. E decepar Colombo e pichar Churchill em nada ajudam.

24/06/2020

Exercício de admiração
– Ennio Morricone

"Ennio Morricone está morto". Só um imortal encabeçaria o próprio obituário com esta sentença peremptória. O necrológico patenteou outro registro de espírito elevado, ao preconizar funeral privado, para não incomodar os amigos. Por fim, louvou o amor de mais de 70 anos pela mulher Maria, a quem dedicou o "adeus mais doloroso". Uma despedida elegante da primeira à última letra. Muitos consideram Ennio Morricone um gigante da música. Ele foi maior.

Decerto, o assovio; uma forma comum de comunicação naqueles idos. O assovio na canção do faroeste spaghetti "Por Um Punhado de Dólares" é a remota lembrança da obra de Ennio Morricone no começo da minha adolescência, em época que eu frequentava o cinema pelas coisas visíveis nas telas (heróis e histórias), alheio completamente ao conjunto fora delas (produtor, diretor, músico, montador etc.). Mesmo os antenados no todo da magia cinematográfica não identificariam o, então, desconhecido Morricone, que assinou as faixas sonoras afigurado em Dan Savio. Não se embiocou sozinho. O diretor Sergio Leone também se ocultou sob o pavoroso pseudônimo Bob Robertson no afazer inaugural deste par magistral. Americanizaram os nomes, para lograr o mercado dos EUA, habituado às planícies remansadas dos faroestes de John Ford com as suas baladas marcantemente orquestrais. A algaravia de Morricone, com assovios, chicotadas, tiros e a potência de uma guitarra Fender, era revolucionária. O assovio sublinhou ainda a magnífica sonoridade de "Três Homens em Conflito", a derradeira fita da "Trilogia dos Dólares", que consagrou a dupla e cuja peça "The Ecstasy of Gold" fora adotada por vários artistas; entre eles, o grupo americano de heavy metal Metallica, que abre os shows com ela desde 1983. Com orçamento de cerca 250 mil dólares, "Três Homens em Conflito", de 1966, estreou nos Estados Unidos três anos depois, faturando lá 4,5 milhões de dólares somente nos primeiros meses e alicerçando a venda de três milhões de cópias do disco. Normalmente, Morricone lapidava as sonâncias antes das filmagens. Leone apreciava tanto as melodias que as usava durante as rodagens e espichava as ações para não as amputar. Ao contrário da prática corrente, o diretor atufava as harmonias com imagens. Ao aclarar o modus operandi, Morricone explicou que "por isso os filmes eram tão devagar". De fato, muitas das passagens pareciam uma eternidade, como as expressas na obra-mestra "Era Uma Vez No Oeste", cuja brilhante cena inicial ilustra-se no som de "Man With A Harmonica" com o personagem de Charles Bronson tocando gaita e despachando três malvadões. Os dois superaram-se na película de gângsteres "Era Uma Vez Na América", de 1984, que suscitou a melhor trilha sonora do maestro e da história do cinema, na avaliação de inúmeros especialistas. Além dos temas principal e da protagonista Deborah – interpretada pelas atrizes Jennifer Connelly (jovem) e Elizabeth McGovern –, na passarela musical deslumbram estilhas das acrônicas "Summertime", "Nigth and Day", "Yesterday" e da destacada centenária "Amapola". Notas superiores inundam "Era Uma Vez Na América" e eternizam o sorriso opiado de Roberto De Niro no fotograma final. Foi o último trabalho dos parças. O cineasta falecera em 30 de abril de 1989. Conterrâneos e contemporâneos, Ennio Morricone e Sergio Leone conheceram-se crianças e estudaram juntos. Para a história da sétima arte, configuram-se díade tão expressiva quanto Federico Fellini e Nino Rota, Alfred Hitchcock e Bernard Herrmann e Steven Spielberg e John Willians. Com obra indelevelmente acasalada com Leone, Morricone, felizmente, praticava a poligamia artística.

Em 1961, Ennio Morricone elaborou as composições do filme "Il Federale", de Luciano Salce, iniciando trajetória consagradora. Além dos expedientes com Leone, fez dezenas de trilhas para faroestes spaghetti na década de 60 e colaborou com diversos diretores italianos, tais quais Sergio Corbucci e Sergio Sollima, similarmente epítomes do gênero. Após a morte de Sergio Leoni, Giuseppe Tornatore ocupou o lugar de parceiro preferencial, a partir do saborosíssimo e comovente "Cinema Paradiso". Uma conversa de ambos se transformou no livro *Ennio. Un Maestro*, editado pela Harper Collins. Viraram amigos íntimos. Ultimamente, Morricone aceitava fazer trilhas apenas para Tornatore, um dos pouquíssimos a ter acesso ao velório do musicista. O talento de Morricone avivou partituras de grandes fantasias de outros consagrados cineastas – "Queimada", de Gillo Pontecorvo, "Teorema", Pier Paolo Pasolini, "Novecento", de Bernardo Bertolucci, "Ata-me", de Pedro Almodóvar, e "Busca Frenética" de Roman Polanski, entre muitos. Morricone ganhou mais de 80 prêmios, sendo dois Oscar – um honorífico pelo conjunto da obra, em 2007, e o segundo pela solfa de "Os Oito Odiados", de Quentin Tarantino, em 2016, curiosamente um bangue-bangue; categoria da especialidade do criador. Tarantino admirava demasiadamente Morricone e já havia enxertado trechos de suas canções em "Kill Bill 2", "Bastardos Inglórios" e "Django Livre". Nem sempre as experiências "tarantinianas" agradavam Morricone, motivando vitupérios contra o cineasta – "O homem é um cretino", disse à Playboy alemã – e o rompimento da relação. Afortunadamente, fizeram as pazes, e Morricone papou o merecido Oscar com 87 anos. O compositor habilitou-se ainda ao Oscar pelas bandas melodiosas dos longas-mentragens "Cinza no Paraíso", de Terrence Malick, "A Missão", de Roland Joffé, "Os Intocáveis", de Brian de Palma, "Bugsy", Barry Levinson, e "Malèna", de Giuseppe Tornatore. Achava-se injustiçado por não conquistar a estatueta com a trilha de "A Missão". Por insondáveis problemas técnicos, a obra-prima do proeminente artista em "Era Uma Vez Na América" não concorreu ao Oscar de melhor trilha original. Uma narrativa assinala que o nome de Morricone fora capado acidentalmente dos créditos do filme no afã de encurtar o tempo de duração da dilatada película, que tinha 229 minutos na versão europeia e 139 minutos na americana. Há outros esclarecimentos igualmente inverossímeis. O certo é que o monoglota Ennio Morricone e Hollywood não se entusiasmavam reciprocamente. Ilustrativamente, Morricone não usava e-mail; somente fax. Recentemente, os espanhóis agraciaram-no com o prestigiado prêmio "Princesa de Asturias e de las Artes". Ao comentar para o jornal *El Mundo* se expectava sobre a honraria, Morricone afirmou: "Só os tontos esperam que lhes premiem".

Escorpiano de 10 de novembro de 1928 e filho de trompetista que se exibia em night clubs e de uma pequena empresária da indústria têxtil, o romano Ennio Morricone familiarizou-se com a música prematuramente. Aos seis anos, compôs o primeiro atrevimento. Tal o pai, adotou o trompete como ferramenta musical. No fim da Segunda Guerra Mundial, os dois animavam as tropas americanas em troca de comida e tabaco, que mercadejavam para fazer algum dinheiro. Com 12 anos e sob os auspícios do renomado músico, regente e professor Goffredo Petrassi, Morricone ingressou, em 1940, no afamado Conservatório de Santa Cecilia, uma das instituições musicais mais antigas do planeta. Em 1946, formou-se em trompetista. Em 1952, diplomou-se arranjador. E, em 1954, recebeu o certificado de composição. Somaram-se 15 anos de rígido e qualificado adestramento. Empregou-se na RAI para compor e fazer arranjos para os dramas e as comédias da emissora. No final dos anos 50, labutou na gravadora RCA Victor, onde ajudou a alavancar e a internacionalizar uma geração de musicistas e cantores italianos na década de 60, como Rita Pavone e Mina. Morricone conceituava o arranjo que universalizou a cantiga "Sapore di Sale", do compositor e cantor Gino Paoli, como um dos seus mais notáveis serviços. Exacerbou sonoridades também para as vozes do canadense Paul Anka, da francesa Mireille Mathieu e do grego Demis Roussos. Com a militante Joan Baez, dividiu a autoria de "Here's To You" no politizado filme "Sacco e Vanzetti", de Giuliano Montaldo. Paralelamente, formou "O Grupo" (Gruppo di Improvvisazione Nuova Consonanza), um coletivo cosmopolita de instrumentistas experimentais que gravou doze discos e se apresentou em diversos lugares de 1964 a 1980, com Morricone inflando o trompete. Fã da música brasileira, em 1969, poliu os arranjos do disco "Per Um Pugno Di Samba" de Chico Buarque, então exilado na Itália. Em fases subsequentes, Morricone enriqueceu performances de Sting, k.d.lang, Andrea Bocelli, Laura Pausini e demais. Como regente, conduziu orquestras mundo afora. Torcedor fanático da Roma, Morricone edificou o tema da Copa do Mundo de 1978, na Argentina. Em 1995, melodiou comerciais da Dolce & Gabbana, dirigido pelo amicíssimo Tornatore. O disco "Yo-Yo Ma Plays Ennio

Morricone", do violoncelista franco-americano de origem chinesa, permaneceu 105 semanas na lista dos álbuns clássicos da Billboard. Aficionado pela arte de Caissa, o maestro embelezou o hino da Olimpíada de Xadrez de Turim em 2006. Na adolescência, Morricone sonhava ser enxadrista profissional. "O jogo de xadrez é bem mais do que um simples passatempo. É uma coisa importante; uma filosofia, uma maneira de melhor se concentrar, um espelho da luta pela vida", assinalou na revista especializada italiana Torre & Cavallo. Como sujeito músico, Ennio Morricone indiscutivelmente aconteceu.

No total, Ennio Morricone arquitetou mais de 500 músicas de todos os tipos e comercializou aproximadamente 70 milhões de discos. Chegou a fazer 20 trilhas em um ano. Compunha, prioritariamente, no papel, sem tocar e ouvir a melodia, que depois se acondicionava aos instrumentos. Acordava às 4 horas da matina e batalhava. "A inspiração não existe. Só existe o trabalho, o tesão, a constância", ensinou. De constituição clássica e índole vanguardista, rechaçava modismos. Confessava-se influenciado por Bach e Stravinsky, mas criou linguagem autêntica. Prolífico e disciplinado, considerava-se, porém, um "desempregado", ao se comparar com a voluptuosa criação de "Bach, Frescobaldi e Mozart", conforme o *The New York Times*. Durante 40 anos, Morricone votou fielmente no partido Democrata Cristão. Quando a legenda conservadora se extinguiu, abrumada por corrupção, em 1994, o maestro assumiu posições políticas de centro-esquerda. Católico, em tom de blague, argumentava que "Jesus foi o primeiro comunista". Gostava de visitar a farmácia de propriedade de um homônimo. Infantil e invariavelmente, ao chegar, pronunciava forte: "Morricone". Ao que o outro automaticamente rebatia: "Qual?". Comentando, no diário *Corriere Della Sera*, a morte do genial Ennio Morricone aos 91 anos, em 6 de julho de 2020, a atriz Sophia Loren, remanescente do período áureo do cinema italiano, lamentou: "Parece-me estar cada vez mais sozinha". Nós também.

09/07/2020

Exercício de admiração
– Sir Sean Connery

No último dia 25 de agosto, o maravilhoso ator Sean Connery completou 90 anos. Para lembrar a efeméride, o jornal *El Pais* Brasil replicou matéria da matriz espanhola com o seguinte título: "Sean Connery, o ícone masculino que não teria triunfado no século XXI". No centro do texto, assinado por Natalia Méndez Aparicio, a misoginia dupla do ator e do seu maior personagem, o agente 007. "Visto com certa perspectiva, os filmes de James Bond são machistas. Não só pela figura de homem perfeito encarnada pelo agente 007, mas também pelo que encarnam os papéis femininos ao longo da saga: mulheres-enfeite que se lançam desesperadamente aos braços do protagonista. Uma ficção que em alguns casos não dista da realidade. Sean Connery, o primeiro ator a interpretar o espião mais famoso do Reino Unido na telona, também foi criticado ao longo do tempo por sua misógina."; assim começa a composição que não faz jus à grandeza e ao encanto do ator, todavia explicita o cristalino propósito da autora. Nas linhas seguintes, ela lembra que o ator dissera, em 1965, ser "melhor bater nas mulheres com a mão aberta do que com o punho fechado"; juízo incivil e criticável reiterado por ele, duas décadas depois, em entrevista ao programa de Barbara Walters. E cita ainda a autobiografia *My Nine Lifes*, da atriz Diane Cilento, primeira mulher do ator e mãe do seu único filho Jason. No livro, de 2007, a ex-esposa de Sean Connery acusa-o de maus-tratos físicos e psicológicos. O casal separara-se 14 anos antes.

Afirmado e reafirmado pelo próprio, não há dúvidas de que a chaga do machismo contaminara Sean Connery no século XX. Resta saber quem fora imune a ela à época. O machismo permeia toda a história da humanidade e ainda se mostra indecentemente machucho e até intocável em determinadas sociedades, a despeito dos saudáveis e imperativos esforços em miná-lo. Era tão incorporado à vida que se converteu em ativo nas narrativas do cinema; o primeiro grande duto internacional de fruição de alumbramento e de conhecimento de culturas diversas. Edward G. Robinson, Humphrey Bogart, John Wayne, Clint Eastwood, Charles Bronson e análogos eram verdadeiros machos alfa. Mesmo atores homossexuais e bissexuais interpretavam machões nas telas – Charles Laughton ("O Grande Motim"), Gary Cooper ("Por Quem os Sinos Dobram"), Errol Flynn ("As Aventuras de Don Juan") e Rock Hudson ("Assim Caminha a Humanidade"). Estúdios e agentes iam à loucura com as peripécias dos seus astros homossexuais, que precisavam ser "vendidos" como viris para as plateias. Providenciavam casamentos de arranjo e faziam de tudo para mascarar a sexualidade dos contratados. Consta que Rock Hudson apinhava a piscina da sua casa de rapazes e os classificava ofidicamente: "Os louros são os Scott e os morenos são os Grant", referindo-se à relação dos galãs Randolph Scott e Cary Grant. Em suma, até as bonecas hollywoodianas tinham que posar de machões, para a veneração dos públicos masculino e, principalmente, feminino. Por outro lado, as estrelas – muitas bissexuais – assumiam-se como fêmeas fatais ou bibelôs – Marlene Dietrich, Ava Gardner, Rita Hayworth e Marilyn Monroe. "Mulheres-enfeite" no diagnóstico amarescente de Natalia Méndez Aparicio, que, pelo menos, reconhece que a "ficção em alguns casos não dista da realidade".

Retornando à reportagem. O pior, porém, estava por vir nos parágrafos subsequentes que se dedicam, exclusivamente, a desprestigiar Sean Connery. Poluída pela agenda identitária, a jornalista informa que a honraria de "Sir", conferida ao ator em 2000, fora postergada anos por causa do machismo do artista, segundo "detratores" de Sean Connery. Ora, ora. A periodista respaldou-se em "detratores" anônimos para fundamentar uma mentira conveniente ao mantra identitário. O adiamento deveu-se às posições políticas dele em favor da independência da Escócia. Quando recebeu a designação nobiliárquica, politizando a circunstância, Sean Connery fez questão, inclusive, que a cerimônia fosse em Edimburgo, sua cidade natal. Lá, ratificando o seu nacionalismo, o ator vestiu o tradicional kilt, traje típico local, e se submeteu à ritualização comandada pela rainha Elizabeth II. Nove anos antes,

Sean Connery fora agraciado com a "Legião de Honra" pelo governo francês. No mais, alinharam-se na resenha considerações sobre o desprezo de Sean Connery por Hollywood e pelo personagem que o afamou, a riqueza material do artista e os imbróglios envolvendo-o em supostas vendas irregulares de imóveis, dos quais ele já foi inocentado. Por fim, Natalia Méndez Aparicio, fiel ao facciosismo militante, dedica-se, arduamente, à esperança de que uma mocinha assuma o papel de 007 brevemente, possibilidade descartada, peremptoriamente, pela mulher e produtora Barbara Broccoli na revista Variety: "Bond pode ser de qualquer cor, mas é um homem".

No texto da jornalista para "celebrar" os 90 anos de Sean Connery, não há o mínimo de reconhecimento ao talento do artista, nem uma acanhada frase generosa; apenas desaprovações veladas ou explanadas, embaladas por messianismo identitário. Pelo seu perfil no Facebook, Natalia Méndez Aparicio demonstra ter menos de 30 anos, não sendo, portanto, contemporânea do auge da atividade profissional do ator, que se aposentou, em 2003, com o péssimo filme "A Liga Extraordinária". Pela idade, é provável que ela tenha visto a primeira película com o ator somente após a jubilação dele. E a viu com os antolhos de missionária. No fundo, a jornalista reflete a imprensa que se remodela sob a pressão das agendas identitárias e das redes sociais para tentar sobreviver. Opção penosa de hospedar o vírus que a infecciona.

Sean Connery é um ator excedente, além do ligame com o agente 007. O exuberante charme, o refinado humor e a voz lapidar tornaram-se suas marcas em qualquer interpretação. Em 1988, ganhou o Oscar de ator coadjuvante em "Os Intocáveis", de Brian de Palma. Carimbou memoráveis atuações também nos filmes "O Homem Que Queria Ser Rei", "O Nome da Rosa", "Highlander", "Indiana Jones e a Última Cruzada", "Caçada ao Outubro Vermelho" e "A Casa da Rússia", entre vários. Protagonizou sete fitas como James Bond e notabilizou o agente 007. Antes de virar ator, Thomas Sean Connery trabalhou como leiteiro e modelo vivo do Colégio de Artes de Edimburgo. Para os fãs de cinema, o carismático Sean Connery tem lugar cativo no pedestal dos gigantes da sétima arte.

Quanto à reportagem do *El Pais*, suponho que até o título – "Sean Connery, o ícone masculino que não teria triunfado no século XXI" – esteja equivocado. É o que induz o sucesso da misoginia fosforescente dos "atores" Trump, Putin e Bolsonaro.

29/08/2020

Os gafanhotos do Leblon

Em junho passado, gigantesca e predatória nuvem de gafanhotos ziguezagueou pela Argentina e ameaçou transpor a fronteira gaúcha, para desespero dos agricultores brasileiros. Felizmente, a aterrorização não se confirmou.

O espírito devastador dos gafanhotos, no entanto, assentou-se atualmente no Leblon, sobretudo na emblemática rua Dias Ferreira, conforme atestam as redes sociais e a imprensa. O caos é subproduto da Covid-19 e do desmazelo de uma administração municipal incapaz de ordenar qualquer coisa. Antes, a Dias Ferreira era um CEP de entrepostos gastronômicos pretensiosos e caros, porém comumente tranquilos. Balbúrdia somente nas imediações do bar Belmonte e da Praça Cazuza. Agora, a fuzarca empesta quase toda a rua, eventualmente fechando o trânsito. A pandemia dizimou centenas de restaurantes e bares da cidade; diversos tradicionalíssimos. Uma verdadeira assolação. Para remediar a crise do setor, criaram-se justas e necessárias licenciosidades de improviso, ampliando, artificialmente, os domínios externos dos estabelecimentos e permitindo, em alguns lugares, como na Dias Ferreira, que mesas ocupassem, inclusive, as ruas à margem das calçadas. Com a clientela mais madura e contumaz ainda ressabiada com o coronavírus, essa simples franquia da área exterior contribuiu para a rápida metamorfose do perfil dos frequentadores, estimulando a presença da turma jovem, peregrina e barulhenta que prefere beber e rosetar, ao ar livre, a manusear talheres sobre pratos posudos em locais confinados. A região está dominada pelos hormônios irrequietos e pela fruição de desejos etilizados dos neo-hunos, que privatizam os espaços públicos e profanam as regras de sociabilidade. O recente desfile e a confusão das moças de biquíni expressa, cabalmente, o novo ambiente asselvajado. Há um ano, a cena seria inimaginável, pois o trio do conversível nem consideraria a possibilidade de "causar" ali. Agora, a carnavalização banalizada da Dias Ferreira parodia a bagunça da avenida Olegário Maciel e de outras plagas, tornando-se também palco de incivilidades no atacado e de exibicionismo de dementados. A nossa deseducação é secular.

    O arruinamento dos espaços públicos cariocas intensificou-se nos últimos anos e não se configura inconveniente apenas para aburguesados. As classes populares são as principais vítimas, pois, além da desordem generalizada e da ausência de serviços, vivem sob inacreditável e inaceitável regulação de traficantes e milicianos. O abandono do Centro evidencia o triste estágio da nossa desurbanidade. Reverter a situação será tarefa hercúlea. Prioridades terão que ser fixadas, considerando-se emergências e plausibilidades.

A "Teoria das Janelas Quebradas", de James Q. Wilson e George Kelling, é sempre uma inspiração. Não há soluções simples para parte dos problemas do Rio de Janeiro. Para acabar com a praga dos gafanhotos do Leblon, todavia, basta seguir a legislação que já inibe puxadinhos de mesas nas ruas e calçadas e enclausurar o atendimento no interior dos recintos, sob pena de perda do alvará. Ou domar a bulha. É só a autoridade pública querer. Lamentavelmente, a história da cidade modela-se na degradação crescente dos seus bairros. E sabemos como as anomias começam.

15/10/2020

Pelé

Em meados de 1993, acompanhei a eleição na Espanha, a última vencida pelo socialista Felipe González, que, há 11 anos, era o presidente de governo – título equivalente, naquela monarquia, ao de primeiro-ministro. Para me ambientar nos ramais da política espanhola, no voo até Madri, li estufada biografia de Felipe González, e desci, no Aeroporto de Barajas, carregando, nas mãos, o cartapácio. Na alfândega, um agente, que fixava a imagem de Felipe González na capa do livro, mandou eu abrir a mala, com a cara feia. Ao se deparar com uma fotografia encimando as roupas, elastificou o sorriso, pegou o retrato avidamente e, excitado, escandiu, em tom elevado: "Pe-lé, Pe-lé, Pe-lé...". Era um flagrante acidental meu com Pelé, em circunstância profissional, registrado dias antes pelo talentoso, queridíssimo e saudoso fotojornalista Alberto Jacob, que eu carregara, por intuição protetiva, para o país ibérico. Pressentia que os súditos de lá reverenciavam também o nosso Rei. Animado, o policial falou da sua veneração por Pelé, orientou-me fechar a bagagem e me despachou, sem antes esganiçar, mirando o livro:

"Este Felipe es un mierda". Três anos depois, retornei a Madri para missão idêntica. Ninguém me deteve na alfândega. Acho que já conheciam o "amigo" de Pelé.

Daí em diante, em todas as viagens, eu arrumava caprichosamente a foto em primeiro plano na mala, por precaução. Surtiu efeito outras vezes, como na Itália e na Rússia, onde eu também fora pesquisar processos eleitorais e testemunhar a ascensão de Silvio Berlusconi e Boris Yelstin. Nos respectivos postos de controle, ao verem a foto com o universal Pelé, as autoridades alegravam-se e apressavam a liberação. Cena repetida em Nova York, em giro turístico. Poucas vezes me pararam em aeroportos e há tempos não o fazem. Nas raras ocasiões em que isso aconteceu, no entanto, a irradiação de Pelé foi suficiente para abreviar o ligeiro incômodo. Bicho malandro, andei reforçando a proteção e blefando pesado. Além do retrato com Pelé, alternei fotos minhas ladeado por Madre Teresa de Calcutá, Garry Kasparov e Fernanda Montenegro. Funcionou. Com este Olimpo, as bagagens sequer foram abertas.

Pelé completa hoje 80 anos, entrajado de uma unanimidade ululante e contradita da máxima de Nelson Rodrigues, que, aliás, não economizava ao enaltecer o craque. "Dir-se-ia um rei, não sei se Lear, se imperador Jones, se etíope. Racionalmente perfeito, do seu peito parece pender mantos invisíveis. Em suma: ponham-no em qualquer rancho e sua majestade dinástica há de ofuscar toda a corte em derredor", escreveu o dramaturgo e cronista esportivo. Há primaveras, mitigo e evito usar as definições de maior e melhor, sobretudo nas avaliações abstratas e idiossincráticas e na paridade de assemelhados. Exemplificando: aprecio mais Ella Fitzgerald do que Billie Holiday, contudo jamais diria que uma é maior ou melhor do que a outra, por ausência de evidências cabais. No caso, é uma simples questão de gosto. Com Pelé, as cautelas desintegram-se, tamanha a superioridade dele em relação a qualquer jogador do passado e do presente. E, quiçá, do futuro. Vejamo-lo no juízo de colossos do esporte. "O maior jogador de futebol do mundo foi Di Stéfano. Eu me recuso a classificar Pelé como jogador. Ele está acima de tudo", sentenciou Puskas. "Eu posso ser um novo Di Stéfano, mas não posso ser um novo Pelé. Ele é o único que ultrapassa os limites da lógica", conformou-se Cruyff. "Às vezes fico com a sensação de que o futebol foi inventando para esse jogador", observou Sir Bobby Charlton. A supremacia incontroversa de Pelé cativou inúmeros artistas e intelectuais do mundo inteiro. "No momento em que a bola chega aos pés de Pelé, o futebol se transforma em poesia", afirmou o cineasta Pier Paolo Pasolini. "Pelé é um dos poucos que contrariam a minha tese. Em vez de 15 minutos de fama, terá 15 séculos", previu Andy Warhol. Na verdade, é impróprio comparar Pelé a outro expoente do esporte bretão. Sem pudores racionalistas, é fácil afirmar que Pelé foi o maior e melhor futebolista de todos os tempos. Mais do que rei, Pelé afirmou-se como uma potestade, tal qual aclamou o jornal inglês *The Sunday Times*, em manchete: "Como se soletra Pelé? D-E-U-S".

Parabéns, Pelé, orgulho brasileiro.

23/10/2020

Para além da margem de erro

Em 30 de outubro, *O Globo* divulgou matéria sobre o boom das pesquisas eleitorais bancadas pelos próprios institutos, enfocando o crescimento de indícios de fraudes, com a venda de resultados e outras baldrocas. Somam-se 3499 pesquisas, até então, autofinanciadas na campanha deste ano. Não precisa ser um Hercule Poirot ou aquele personagem do maravilhoso Paulo Silvino para intuir que aí tem. A cada dia surgem novos institutos. Há tempos, as pesquisas protagonizam desproporcionalmente nos rituais eleitorais brasileiros. Em uma campanha desvitalizada por causa da Covid, sem candidatos nas ruas, sem a folia das militâncias, sem debates e com desestimulantes propagandas eleitorais na TV, as pesquisas fortaleceram-se ainda mais, perante o pequeno público politizado suscetível à randomização de euforia e de decepção provocada pela coreografia dos números. Em geral, a despeito da expertise das chancelas, as pessoas tendem a acreditar nos dígitos e sequer diferenciam os institutos. Cada um busca fazer a leitura que lhe apraz. Para o leigo, o referente e longevo Ibope carrega equivalentes peso e credibilidade do, digamos, fictício "Instituto Tatuzinho". Por esse crédito trivializado, os veículos de comunicação aceitam hospedar os dados dos institutos, sem questionar a consistência das aferições e as segundas, terceiras e quartas intenções, servindo, muitas vezes, de mula para manipulações. Apostando na fidelização dessa crença cegante e na "garantia" de divulgação pela mídia ampliada, fervilham institutos de oportunidade, objetivando exclusivamente lucrar nos períodos eleitorais. Basta arranjar um estatístico para referendar o trabalho. Na reportagem d'*O Globo*, desponta um estatístico responsável por surpreendentes 937 levantamentos. O Ipop (veja a capciosa intencionalidade associativa do nome) Cidades e Negócios, segundo a matéria, investiu R$ 650 mil em 350 pesquisas, em 192 cidades; ao custo médio de menos de R$ 2 mil, independentemente do tamanho da amostra e do local. Pesquisas eleitorais presenciais acuradas são caras. Se parecem baratas, merecem automática desconfiança. Nem todos os institutos, noviços e antigos, obviamente, contaminam as suas aferições previamente por má-fé. A maioria não o faz. A muitos, no entanto, faltam equipes qualificadas e know-how sobre o universo pesquisado. Mesmo sem sacanagens, o propósito dos institutos sazonais é majoritariamente comercial, pouco importando a correção dos algarismos e as consequências. Até instituto renomado tem dificuldades de garimpar em terreno virgem. Se o reconhecido Datafolha, por exemplo, for, de supetão, atestar um curso eleitoral na Colômbia, terá problemas, por desconhecer as peculiaridades locais.

No Brasil, há, em relação às pesquisas, uma excentricidade, no sentido literal do sistema de Ptolomeu, que consagra o afastamento do centro da Terra de seus excêntricos. É a cafetinizada margem de erro. Ela existe, todavia não da maneira usada vezeiramente, sobretudo pela imprensa. Uma margem de erro clássica de 3% somente pondera no ponto central de 50%. Ou seja, se alguém ou algo reúne 50% de preferência, isso significa que ele pode ter de 47% a 53%. Quanto mais os números afastam-se do centro, menor é a margem de erro. Nas imediações dos extremos (excêntricos) – 0% e 100% –, a margem de erro é mínima. Só absurdamente admite-se candidatos, com 1% e 7%, empatados tecnicamente. O segundo tem sete vezes mais do que o primeiro. Para igualá-los, em 4%, se fosse o caso, precisaria que a pesquisa estivesse totalmente errada em relação aos dois, e não apenas a um deles. Em margem de erro de 3%, admitir que quem tem 1% possa ter 4%, é quase aceitar que ele possa contabilizar -2%. Da mesma forma, quem aparece com 16% agrega 60% a mais de intenção de votos daquele que ostenta 10%; uma baita vantagem. Em suma, para que a margem de erro anunciada prevaleça nas extremidades, é preciso que as pesquisas sejam imprecisas. Os institutos estimulam essa fantasia, para se protegerem de seus eventuais equívocos. A imprensa gosta de manipulá-la, de acordo com suas conveniências. Desconheço se em outros países é assim. Temos vistos diversas pesquisas sobre as eleições americanas, sem ênfase na margem de erro. A margem de erro é informação importante, mas não pode se prestar como cama elástica para projetar saltos carpados imaginários. Deveria ser informada, porém não simulada em gráficos artificiais. Ademais, as pesquisas são fotografias momentâneas e não concludentes dos processos eleitorais. Elas são ótimas para clarear a caminhada, entretanto não afiançam desfechos. Como regra, as pesquisas eleitorais sensibilizam só o universo minoritário de politizados e de bem-informados, cuja maioria não sabe interpretá-las.

Daqui a 13 dias, ocorrerá o primeiro turno da eleição para prefeito do Rio. Por diversos fatores novos – insondável domínio territorial de milicianos e traficantes, sufrágio religioso cabresteado, influência das redes digitais e, sobretudo, intensa volatilidade do voto na última hora –, faz-se cada vez mais complicado os institutos cravarem, com precisão, os resultados finais das eleições cariocas. No máximo, reafirmam as tendências, sem exatidão; às vezes, nem isso. Para obscurecer ainda mais, germina crescente reafirmação pelo não voto (nulo, branco e abstenção). Nos últimos escrutínios na cidade, o não voto tangenciou o patamar de 35%, o que bagunça qualquer previsão. E como se um terço do eleitorado não sufragasse nenhum aspirante. Recentemente, Datafolha e Ibope registraram os não definidos na casa dos 20%, contando com os indecisos. Ou seja, bem longe do contingente ausente costumeiramente. Aparentemente, o processo afunila-se para os nomes mais conhecidos. Em pleito atípico, devido à Covid, os demais tiveram embaraços para se visibilizarem. E quem está fora da propaganda eleitoral na TV, comumente, sequer é considerado pelo eleitorado. Habitualmente, o eleitor vota em nomes, e não em partidos. As atraentes boutiques partidárias (PV, Rede, Novo e PSOL) também necessitam sempre de candidatos referentes e de atos festivos sinérgicos – abraçar a Lagoa, marcha das mulheres e oba-obas análogos –, para animar os simpatizantes e potencializar as suas chances. As celebrações ausentaram-se este ano. Alguns postulantes nacionalizaram a campanha municipal. Bolsonaro manifestou predileção aqui e em poucos outros lugares. A imprensa inebria-se com a baixa perspectiva do presidente, antecipando fracassos do capitão e os projetando precipitadamente para 2022. Uma possível vitória de Joe Biden nos EUA acenderá a luz vermelha para o bolsonarismo. Isso implicará em maior envolvimento do presidente no transcurso eleitoral presente, no pressuposto de robustecimento de estruturas de poder? Muitos gostam de fazer conexões descabidas entre eleições distintas. Desde a redemocratização do país, não recordo de cenário em que as eleições municipais influenciaram minimamente o pleito presidencial. Nada indica que acontecerá na próxima ocasião. Descreio dessa perspectiva. Não nos iludamos com um casual fiasco de Bolsonaro nas eleições de agora. Isso, contudo, é assunto para daqui a dois anos. Agora, a prioridade é se livrar do pior prefeito da história contemporânea da cidade.

02/11/2020

Tipo Biden

O Globo registra que as oposições brasileiras, em mimetização da recente eleição americana, buscam um candidato "tipo Biden" para facear Bolsonaro em 2022. E especula a respeito de alguns pretendentes do meio político convencional e de outsiders do agrado da burguesia iluminista. É cedíssimo para prospectar cenários; quase um exercício vão. De qualquer forma, Biden é mobília do ambiente político americano há mais de cinco décadas, desde 1969, quando "pensava ser um republicano", nos dizeres do próprio, mas se filiou ao Partido Democrata, pelo qual elegeu-se senador três anos após, e, consecutivamente, por outros cinco mandatos. De 1973 a 2009, por 36 anos ininterruptos, Joe Biden representou o estado de Delaware no Senado americano. Depois, foi vice-presidente dos EUA durante oito anos, secundando Barack Obama. Chegou à Presidência da República como político ultra experiente, e não como um catecúmeno oportunista ambicioso. Só um espelho mágico convexo, portanto, revelaria Biden como outsider. Diversos setores da sociedade e da mídia brasileiras adoram cultuar esse perfil asséptico como panaceia para as nossas desditas morais. Basta mostrar-se limpinho, desnodoado de práticas partidárias e políticas, para merecer acenos dos sanitaristas.

É impessoal, porém a silhueta de turista da atividade política não me entusiasma. A favor deles, mesmo os considerando bem-intencionados e virtuosos em seus labores originais, o que leva a pensar que alguém, sem a mínima vivência política, seja a melhor opção para comandar o país? Suponho o contrário; quanto mais distante do universo político, mais dificuldades de arquitetar a governança, sobretudo para quem herda o caos. Não há como o Executivo ignorar as manhas do Legislativo. É assim em todo o mundo democrático. As ótimas séries políticas televisivas "House of Cards" e "Borgen" refletem as asperezas dessa inevitável e pragmática relação em dois países super desenvolvidos. Por mais predicados que reúna, o que faz com que cogitemos da pretensão desmedida de Luciano Huck? Somente o espectro da criminalização generalizada, in limine, da classe política que abre veredas para os exógenos. Nada além disso. Não se pode duvidar da genuína intenção de Huck de ajudar o Brasil, todavia o apresentador deveria escalar degraus eleitorais para testar a sua vocação pública. Parece capricho desmoderado desejar sentar-se na janela logo na primeira viagem. A umbrática candidatura de Sérgio Moro reveste-se de imensos empecilhos. Dificilmente conseguiria simpatias à esquerda, por causa da condenação de Lula, e adesão das forças do Centrão, pelo seu protagonismo na Lava Jato. Excomungado do bolsonarismo, resta-lhe o balão de oxigênio fornecido por parte da imprensa em retribuição a cumplicidades passadas. Tornou-se um protagonista artificial. Desfulanizando, para cargo tão relevante, não vejo vantagens intrínsecas em vultos alheios ao ecossistema político. Não me recordo de um que tenha dado certo. E suspeito sempre de salvadores da pátria, mitos, messiânicos, gurus e quejandos.

Tratar de 2022 agora é apenas ginástica midiática. Carece de sentido funcional. Outra impropriedade será projetar os resultados das atuais eleições municipais para o pleito maior de daqui a dois anos. Escolha de prefeitos nunca influenciou minimamente na disputa presidencial. Embora seja compreensível, não é o momento ainda de se inspirar no "tipo Biden" para o enfrentamento contra Bolsonaro. O "tipo Biden" é unificador e requer a renúncia das ambições de inúmeras prima-donas da política auriverde. Nos EUA, o bipartidarismo praticado facilitou essa engenharia. As divergências entre centristas e esquerdistas foram sublimadas no seio do Partido Democrata, objetivando o combate ao mal supremo. No nosso excessivo multipartidarismo, essa construção, se necessária, será penosa, beirando a improbabilidade. Agora, é hora de todos os partidos capricharem no lustro de seus quadros para um processo eleitoral com diversidades nominais, programáticas e ideológicas em 2022. Ninguém sabe o que acontecerá com o governo Bolsonaro nos próximos 20 meses. As expectativas econômicas e sociais não aparentam ser auspiciosas. Externamente, Joe Biden criará embaraços para Bolsonaro além das fronteiras da Amazônia. Internamente, a imposição de controle do robusto déficit fiscal e, consequentemente, o fim do auxílio emergencial não contribuem para a perspectiva da manutenção do nível de apoio popular do presidente. A caótica e criminosa administração da crise do coronavírus também não. Sem falar do malpropício comportamento do presidente, que destoa totalmente da liturgia do cargo e envergonha inclusive parcelas do seu eleitorado. Com a exceção dos primitivistas congêneres, não há como se orgulhar do presidente brasileiro e de suas batatadas. Provavelmente, nunca houve pessoa tão despreparada, inconveniente, insana e inumana na Presidência da República do Brasil. Um homúnculo.

Para que venhamos precisar de um "tipo Biden" em 2022, Bolsonaro terá sobrevivido politicamente e se mantido competitivo eleitoralmente, com chances de reeleição. O modelo ideal requereria a abdicação de várias aspirações em favor de um nome de centro ainda no primeiro turno. Pouco adiantaria um compromisso de confluência de todos os estamentos políticos no segundo turno, pois Bolsonaro poderia passar com um postulante da esquerda, o que não garantiria a aderência automática de frações do eleitorado centrista. Por óbvio, é mais natural um ex-bolsonarista aceitar alternativas ao centro do que à esquerda. Nos EUA, se o candidato do Partido Democrata fosse Bernie Sanders, Trump teria triunfado. Poucos duvidam dessa conjectura. Por isso, a urdidura de uma candidatura "tipo Biden" aqui é quase impossível, devido à complexidade da política local e à falta de nitidez sobre a real potência de Bolsonaro. Resumindo: postulação "tipo Biden" exige que todos abram mão de seus projetos em torno de um candidato de centro, diante da ameaça concreta da reeleição de Bolsonaro. E o escolhido deve ser político, e não outsider, para animar os seus pares. Políticos desconfiam e desgostam de outsiders. Para facilitar a aceitação do arranjo, o eventual ungido não deveria pertencer a partidos que ocuparam a Presidência da República desde a redemocratização, pois todos se lambuzaram lá. E, certamente, ajudaria um compromisso juramentado de se acabar com a reeleição imediatamente.

Em suma, no Brasil, com todas as nuances que a caracterizaram, uma candidatura "tipo Biden" configura-se, por enquanto, em mera utopia. Contudo, as suas premissas não poderão ser relegadas no futuro, se Bolsonaro se mantiver sólido e puder efetivamente se reeleger.

11/11/2020

Eleições do Rio

Diversos eleitores de esquerda lamentam uma fragmentação de candidaturas que supõem tê-los tirado do segundo turno no Rio. Baseiam-se em aritmética linear desamparada em processos eleitorais. Somar os votos de várias postulações familiares não redundam em uma candidatura totalizadora, seja de que campo ideológico for. Prevalecem aspectos conjunturais e nominais. Em política, o adversário é o antagônico; porém o grande inimigo é o próximo, o afim, o que disputa o mesmo espaço ideológico e eleitoral. Lula não quer saber de Ciro, e vice-versa, assim como Rodrigo Maia deprecia Moro.

No caso carioca, a imaginária candidatura de união arrastava contradições. Não era sequer classificada como esquerda, e, sim, hóspede de uma sigla vertebrada à esquerda. A despeito de suas inúmeras qualidades, na falta de estandartes potentes, Martha Rocha ostentou o distintivo de delegada, que, para muitos esquerdistas, continua a identificar fantasmagorias da repressão. No mais, carecia daquele charme motivacional potencializador de candidaturas esquerdistas por aqui – Brizola, em 1982, Benedita, em 1992, Gabeira, em 2008, e Freixo, em 2016. Martha mostrava-se apenas uma suburbana de boa cepa, capaz de cativar divisões desideologizadas do eleitorado. No Rio, as elites esquerdistas não se animam com o perfil provinciano. Na verdade, têm horror. Ademais – talvez, pela característica anômala e fria da campanha, devido à pandemia –, a candidata do PDT não fixou marcas. Na TV, dos quatro principais aspirantes, Martha protagonizava a publicidade mais anódina e ineficiente. Por sua vez, a propaganda de Benedita era excelente, reciclando, em alto astral, toda a simbologia pretérita da mulher, negra e favelada, sem mencionar diretamente o batido bordão. A presença de Lula não atrapalhou a exuberante e elegante Benedita da Silva. Não é certo, entretanto o espectro de Ciro pode ter desanimado eleitores centristas sensíveis a Martha. Em nenhum momento, pela bela campanha de Bené, o eleitor petista encontrou motivo para buscar alternativa. Martha chegou à frente da velha guerreira Benedita por somente 904 votos, contudo saiu da eleição menor do que ela. As condições excepcionais da campanha contribuíram para rebuçar eventuais faculdades de Renata Souza, que obteve menos sufrágios do que o seu correligionário Tarcísio Motta, o vereador mais votado do município. De qualquer forma, ela não pareceu demonstrar a empatia e o talento de Marcelo Freixo, Chico Alencar e Tarcísio Motta, estrelas psolistas, nem herdou a representação alegórica da finada Marielle Franco. Pode-se prantear pela desunião das esquerdas no Rio. No entanto, desde a desistência de Freixo, as conjunções concretas se perderam.

    Marcelo Crivella e Eduardo Paes passaram para o segundo turno. É provável que o presidente Jair Bolsonaro não se intrometa excessivamente, mesmo que Crivella use e abuse da sua imagem. Ele já fez por Crivella o que poderia fazer: ajudá-lo a assegurar uma vaga no turno final. Carrega o caixão, todavia não pula dentro da cova. Além de uma disputa entre o pior e o melhor prefeito da história recente do Rio, está em jogo, sobretudo, o resgate do generoso espírito cosmopolita e inclusivo da cidade. Não parece escolha difícil. Crivella representa a negação da alma da cidade. Tão ou mais importante do que derrotá-lo, é fazê-lo eloquentemente, para dar um recado rotundo que expresse a dimensão da insatisfação com este desgoverno e desestimule os futuros crivellas. Tipo 7 a 1.

16/11/2020

Imprensa

Há cerca de dois, três anos, li que estudo interno do *New York Times* futurava o epílogo da imprensa gráfica em uma década. Desconheço se o ensaio realmente existe; nem de quando ele é, se efetivo. À época, pareceu-me pertinente. Diversos jornais e revistas já agonizavam em todo o planeta, inermes perante as pororocas da web. Além dessa evidência, o que me fazia crer no agouro era um exemplo doméstico. Meu filho atravessara a adolescência e entrara na fase adulta sem muita familiaridade com o esfolheio de papéis e sem prejuízos na sua formação educacional e intelectual. Se a geração dele estropiara essa prática, não se deveria esperar algo de diferente das vindouras. Elementar, meu caro Watson.

Como simbiose de Forest Gump e Zelig e sem vocações assanhadas, fui um jornalista acidental, desprovido dos atributos que caracterizam a profissão. Mesmo assim, tive a ventura de trabalhar em alguns dos principais veículos das quatro referentes modalidades de então – rádio, jornal, revista e TV. Estou fora de redação desde o milênio passado, há 28 anos. Sem nenhuma saudade, nem identidade com o ofício. Esporadicamente, escrevo artigos para os difusores sobreviventes. Não me sinto pertencente ao meio jornalístico, porém considero a imprensa livre crucial como fulcro subsidiário do aparato democrático, formado pelos poderes Executivo, Legislativo e Judiciário. Meu apreço pela imprensa não advém de um vínculo pretérito, mas da compreensão de sua importância para a liberdade e a democracia, dois dos valores que mais prezo.

A imprensa clássica – especialmente, a gráfica – passa por uma instabilidade notória, universal e, quiçá, terminal, conforme o aludido levantamento do *NYT*. Tornou-se um modelo de negócio desafiador. Aparentemente, os passaralhos que pousaram em certas redações neste dezembro sorumbático – sobretudo, em *O Globo* – distinguem-se dos anteriores por irradiarem desalentos para além daqueles que atingiram diretamente os dispensados. Como caprichoso requinte, vistosas estrelas antigas do jornal tiveram os salários amputados e os espaços minimizados, sinalizando cabais dificuldades financeiras do diário e projetando um porvir sombrio. Passaralhos não são novidades na trajetória de jornalistas. Antes, contudo, em geral, eles espelhavam situações econômicas e políticas específicas e pontuais. Agora, infelizmente, proclamam estágios agônicos de mídias intubadas em CTIs. Na última década, vários jornais e revistas desapareceram ou foram obrigados a metamorfosear o formato. Já se disse que os jornais não morrem subitamente; todavia, os sintomas do passamento exibem-se claríssimos. A fusão dos canais esportivos ESPN e Fox também acarreta barulhento despejo de inúmeros comentaristas. E a degola estende-se a outras emissoras, como no SBT. Sumarizando, a lógica linear prevalente é trocar os capacitados de salários maiores por entusiastas iniciantes e polivalentes, a um custo menor. Não identifico patifaria preliminar nisso. São os veículos tentando sobreviver como podem. Talvez, para muitos, inutilmente e com evidente perda de qualidade.

Os crentes e esperançosos fiam-se no histórico de resistência da imprensa diante dos incontáveis e nulificados prognósticos sobre a sua extinção. Afortunadamente, nada indica que a imprensa profissional esteja a caminho do fim. O mesmo não se pode assegurar em relação a algumas de suas faces. Jornais e revistas podem se reciclar e se manter na feição digital. Dificilmente, entretanto, as grandes grifes impressas conseguirão preservar o eventual prestígio acumulado, que é de onde deriva a sua força. O problema não é transmudar de plataforma, e, sim, conservar intocada a proeminência. No gigantesco e infinito ambiente dos algoritmos, a tendência é de que a capacidade de influência se dilua. Na esfera das emissoras de rádio e TV, as mudanças projetam-se menos traumáticas e, às vezes, até expansionistas, como a implantação da CNN. A rádio já passara pelo seu peculiar choque adaptativo. E o próprio cosmo, exclusivamente, digital acolhe iniciativas promissoras. A imprensa não é panaceia para todos os males e também guarda esqueletos no armário. Comumente e indevidamente, arvora-se de quarto poder, assumindo-se como palmatória do mundo e promovendo abusivos justiçamentos. No entanto, faz-se vital e imprescindível na ordem democrática. Contra a exorbitância de governos autoritários, a imprensa reafirma o imperativo da sua necessidade. Nos dizeres de Alexis de Tocqueville, vale mais pelo mal que combate do que pelo bem que produz. Analógico e leitor de papel, não me alegra o declínio da galáxia de Gutenberg. A imprensa não acabará, todavia determinadas mídias, integradas e igualadas no torvelinho digital, tendem a perder a potência de outrora.

Paralelamente, apresenta-se outra conversão em curso, que diz respeito ao artesão de imprensa. Na incerteza presente, assomam trabalhos com menores remunerações. Nos centros urbanos, onde a imprensa profissional viceja, como regra, os jornalistas nunca ganharam muito, só por exceção ou transitório escalonamento hierárquico dentro das redações. Viviam, porém, na estratificação de uma classe média aburguesada. Há anos, os estipêndios declinam e os direitos trabalhistas minguam. Agora, na crise, o pigmeísmo salarial proletariza a maioria da categoria. Com grau educacional e informacional bem acima dos proventos, afloram parcelas de pessoas, supostamente, sujeitas a naturais insatisfações e rancores sociais. Pela exposição, às vezes, o "salário-vaidade" compensava as parcimônias monetárias. No patamar remuneratório atual, o "salário-ego" não remedia, principalmente para aqueles mais comprometidos com as despesas materiais da subsistência.

Saí de Macaé, sozinho, com 16 anos, para estudar fora e dançar a vida. Protetores, meus amados pais esperavam que eu abraçasse uma profissão "estável" – medicina, odontologia, engenharia, funcionário do Banco do Brasil etc. Desvocacionado para qualquer ofício, optei por fazer faculdade de Comunicação Social, para o dissabor deles, que sequer compreendiam o que era isso. Formado, mal ou bem, me virei sem lhes causar preocupações adicionais. Meu filho enveredou-se por outro caminho, diplomou-se em engenharia de produção e trabalha desde os 19 anos. Hoje, se ele me dissesse que gostaria de fazer jornalismo, acho que eu teria um treco, como o meu pai teve ao saber da minha metafísica escolha profissional. Não pela essência da relevante ocupação, mas pela dificuldade crescente de sobrevivência. Jornalistas, como os turistas do Vesúvio, tangenciam o precipício.

19/12/2020

Guerras culturais e kits ideológicos

O termo "ideologia" foi criado pelo conde "Destutt de Tracy", filósofo, político, economista e militar francês, em 1801, pouco mais de uma década após a queda da Bastilha e nas rebarbas da Revolução Francesa, que igualmente nos legou a noção primitiva de direita e esquerda. Originalmente, significava "ciência das ideias", tratando-as como fenômenos naturais e exprimindo a interseção entre o homem e o seu meio genuíno de vida. O conceito, porém, sofreu mutações e adquiriu outras narrativas. De início, enfrentou a mão pesada de Napoleão, que carimbou o conde de Tracy e caudatários de "ideólogos" no sentido de "deformadores da realidade", conotação pejorativa sobrevivente até o presente, na avaliação de alguns. Na obra *A Ideologia Alemã*, Marx e Engels abordaram a asserção em variegadas leituras, tendo como centro uma "consciência falsa" da realidade que, no escaldar dos embates entre as classes sociais, compreenderia o poder econômico da burguesia e as pulsões revolucionárias do operariado. Para diversos especialistas, a ideologia moldou-se pelas concepções "neutra" de ilusão e "crítica" de dominação. Lenin, que falecera antes da publicação dos postulados de Marx e Engels, adotara a concepção neutra de "visão do mundo". Resumindo, a ideologia não é a realidade em si, e, sim, uma maneira de interpretá-la. Centenas de estudiosos, notadamente marxistas, valorizaram a questão ideológica e se tornaram norteadores. Outros tantos intelectuais qualificados a observaram com restrição. Grandes espíritos livres e anárquicos lhe são obviamente críticos, como o são em relação a qualquer doutrinação empacotada. "Nada se parece mais com o pensamento mítico do que a ideologia política", ilustrou Claude Lévi-Strauss. "A ideologia já sabe a resposta antes que a pergunta seja feita", afirmou George Packer. "Ideologias nos separam. Sonhos e angústias nos unem", sacramentou Eugène Ionesco. "Cada ideologia tem a Inquisição que merece", sentenciou Millôr Fernandes.

A queda do Muro de Berlin fortaleceu a impressão da prevalência de uma ideologia sobre as demais, desmanchando o então mundo bifurcado. A sobreposição do modelo capitalista, no entanto, não foi capaz de unificar as expectativas de todas as gentes, pela diversidade de culturas e de estágios sociais assimétricos. A benquista democracia ocidental fundamenta-se em predicados menoscabados em ampla parte do planeta. O território árabe, por exemplo, amalgama-se por imperativos tribalistas. As festejadas primaveras democráticas ali não passaram de contos das *Mil e Uma Noites*. Na aquarela política, a democracia é a cor que mais me sensibiliza. Não perco um minuto, entretanto, imaginando-a latente nos países árabes, na Rússia e na China. O comunismo evaporou-se, circunscrevendo-se, hoje, a representação grotesca de parque temático na terrível Coreia do Norte. Quem ainda classifica Rússia e China como regimes comunistas? Autoritários, decerto. As nitidezes ideológicas do passado foram substituídas por renovadas erupções da sociedade, embaladas pelas redes sociais e liquidificadas em conflitos culturais, mas fiéis aos epidérmicos e prevalentes instintos tribais desde a aparição dos antediluvianos homo sapiens. No livro *Tribos Morais*, o jornalista americano Joshua Green advertiu sobre a "guerra hobbesiana" de todos contra todos que impede consensos e mina as instituições democráticas. Para ele, vivemos em "tribos morais", e não em uma atmosfera cosmopolita.

Com nomenclaturas distintas, as guerras culturais sempre estiveram presentes na história da humanidade; muitas sob inspiração religiosa e impulsionadas pela força dos armamentos. À época, as Cruzadas eram conhecidas como Guerras Santas, opondo cristãos a muçulmanos. A conquista do Oeste americano deu-se pelo confronto de colonizadores brancos e índios. A barbárie do Holocausto embutiu-se no nexo de uma espécie de guerra cultural. E judeus e palestinos continuam a cotejar ancestrais diferenças e incompreensões. A expressão "guerra cultural" ganhou a tradução contemporânea, em 1991, na obra *Guerras Culturais: A Luta para Definir a América*, de James Davison Hunter. Nela, o sociólogo catalogou a polarização que tomara conta da sociedade americana em torno dos temas aborto, racismo, porte de armas, aquecimento global, pena de morte, descriminalização das drogas, direitos das comunidades LGBT, imigração etc., que resumem os posicionamentos de tradicionalistas e progressistas seculares, incrustrados, geograficamente, em áreas rurais e urbanas, respectivamente. Em suma, uma querela de princípios. Na convenção do Partido Republicano, em 1992, o paleoconservador Pat Buchanan já antevia a guerra cultural como sucedânea das trombadas ideológicas da Guerra Fria. "Existe uma guerra religiosa que se passa em nosso país para a alma da América. É uma guerra cultural, fundamental para o tipo de nação que seremos, assim como foi a Guerra Fria em si", profetizou Buchanan. E completou, ao demonizar a agenda de modernidades encarnada pelos Clinton, adversários na ocasião: "Não é esse tipo de mudança que a América quer. E não é o tipo de mudança que a América precisa. E não é o tipo de mudança que devemos tolerar em um país que ainda podemos chamar de um país de Deus". Da década de 90 para cá, com os demônios do comunismo exorcizados, os americanos reavivaram os seus próprios belzebus, evocando, oportunisticamente, o nome de Deus como lábaro justificador e animador de conflagrações. Curiosamente, a chancela religiosa que esteia o direito inalienável à vida na condenação ao aborto relativiza nas considerações sobre a pena de morte.

Os guerreiros culturais projetam-se, geralmente, pela "ideologia ascendente", o populismo, conforme analisou o historiador conservador francês Pierre Rosanvallon, no livro

O Século do Populismo: História, Teoria e Crítica. Segundo ele, devido à limitação e à fadiga do exercício da política, as clivagens sociais não organizam mais os antagonismos modernos. "Se governa também de acordo com as emoções", frisou o historiador. "Os sentimentos de pertencimento, de identidade e de rejeição determinam a visão dos indivíduos na sociedade", observou ele. Na opinião de Rosanvallon, "se o populismo tem atração é porque aparece como solução para os problemas contemporâneos, como a crise de representação e as injustiças sociais". E faz uma advertência importante: "A democracia não é uma conquista. É uma frente de batalha".

Em artigo reproduzido na revista *Época*, o escritor Scott Turow ressaltou que os Estados Unidos se cindiram em "duas Américas". E caricaturou: "É possível saber a composição de uma zona eleitoral descobrindo se, na região, existem mais Whole Foods – rede de supermercados de produtos orgânicos da Amazon – ou Cracker Barrels, a rede de restaurantes que serve pratos típicos do interior, como frangos fritos, empanados ou bifes fritos imersos em óleo – o pesadelo de qualquer cardiologista". Na descrição de Turow, "os adoradores de Trump pouco se importam com o estrago que ele causa na ordem democrática, porque acham que o sistema político é corrupto e não faz nada por pessoas como eles". E adicionou: "Suspeito que o que mais agrada aos outros americanos a respeito de Trump é o fato de que nós – a imprensa, os intelectuais, as pessoas bem instruídas que controlam as alavancas do poder em nossa sociedade, as elites, como eles adoram nos chamar – odiamos Trump. E isso agrada profundamente aos outros americanos, porque o fato é que eles nos odeiam". Nas páginas d'*O Globo*, o talentoso jornalista Eurípedes Alcântara mencionou trabalhos dos historiadores Niall Fergunson e Peter Turchin afiançando que as duas características mais marcantes deste milênio debutante são a polarização e o radicalismo, "frutos da amargura de pessoas frustradas, sem entender como não chegaram lá, tendo feito tudo que lhe disseram para vencer na vida". Na convicção dos historiadores, salientou o jornalista, "o cenário definidor do nosso tempo é uma luta de classe entre as pessoas que são, ou que se julgam, elite".

O sociólogo, jornalista e ex-trotskista Demétrio Magnoli configurou, em *O Globo*, a situação brasileira como réplica mambembe do cenário americano. "Pela direita, mas também pela esquerda, a linguagem política brasileira mimetiza os temas, os argumentos e até os escândalos teatralizados da guerra cultural que consome os EUA", anotou ele. E continuou: "Por aqui, uma extrema-direita sem tradição macaqueia a missa americana, organizando-se ao redor de bispos de negócios, difundindo a homofobia e erguendo a bandeira do armamento do povo". Demétrio não isentou a esquerda e lhe atribuiu precedência no fomento improdutivo da guerra cultural nativa: "A esquerda engajou-se no contrabando antes ainda da direita. Das universidades americanas, em contêineres lacrados, trouxe as políticas identitárias, a teoria racial crítica, a crença fundamental de que o nosso gênero e a cor da nossa pele determinam implacavelmente nossas existências, ideias, conceitos e preconceitos". E ultimou: "A esquerda reinventada, falsa baiana, renunciou às oposições tradicionais e instaurou novos contrapontos, que são essenciais e, portanto, imutáveis. No lugar de povo/elite ou proletariado/burguesia, entronizou as dicotomias mulher versus homem, homo versus hetero, preto versus branco. Daí desistiu do horizonte da igualdade, substituindo-o pela reiteração perene da diferença".

Internacionalmente, as esquerdas andam desnorteadas e sem boas perspectivas, desde a debacle comunista, da supremacia do capitalismo e das radicais transformações dos meios de produção geradas, sobretudo, pelos desenvolvimentos tecnológicos, que desconstroem as lógicas trabalhistas de outrora e dizimam a mão de obra operária, cerne dos sonhos socialistas. Imaginar uma ressurreição pela reversão da matriz econômica é quase impossível. A confrontação aberta identitária também não se mostra alvissareira, pois ela, alicerçada em rancores, privilegia as dessemelhanças e as rupturas, revestindo-se do caráter de "guerra hobbesiana", como assinalou Joshua Green. Há de se ponderar que o gênero humano sempre foi sensível às "tribos morais" e, majoritariamente, conservador e religioso. Esses são os valores reluzentes da tribo maior e predominante. Ignorar essas premissas é depreciar a sabedoria milenar do chinês Sun Tzu, que nos ensinou que "se você conhece o inimigo e conhece a si mesmo, não precisa temer o resultado de 100 batalhas". Não é para se conformar com a hegemonia tradicionalista ou reacionária, todavia se deve reconhecê-la e respeitá-la para progredir. É jogo de xadrez, e não MMA de modernosos descerebrados. Apesar das ondas retrógradas, as camadas civilizatórias prosperam. Consagram-se avanços inimagináveis no campo comportamental, como a recente aprovação do aborto na Argentina e da eutanásia na Espanha. Um terço dos estados americanos já legalizou o uso recreativo da maconha; e quase todos o fizeram para fins medicinais. Felizmente, em vários lugares, as relações homossexuais acobertam-se de amparo legal no âmbito civil. É o fundamental. Não dá para se pretender o aval religioso, como reivindicam alguns tantãs. As igrejas têm os seus dogmas que precisam ser respeitados. Como tudo, o ambiente ideológico recicla-se, embora com menor capacidade de abarcar as atuais realidades. Pode-se ser de direita, de centro ou de esquerda, opções estimáveis dentro do domínio democrático. Não há superioridades intrínsecas em qualquer tonalidade ideológica. Os kits ideológicos, contudo, às vezes, desorientam. Enaltecer os Maduros e as cloroquinas da vida, por exemplo, não parece sensato nem útil. Na clientela ideológica brasileira, ser de direita e/ou antipetista é uma coisa; mitificar Bolsonaro significa outra, e diz mais sobre o cultor do que o cultuado.

No mais, não devemos perder de perspectiva que quem primeiro conceituou a palavra "ideologia" foi um aristocrata.

01/01/2021

O centenário de Leonel Brizola

Leonel Brizola completaria 100 anos em 22 de janeiro de 2022. Exatamente, daqui a um ano. Dos muitos políticos com os quais convivi, foi o que me proporcionou as melhores histórias, embora nunca tenha trabalhado para ele, como o fiz para diversos outros após abandonar as redações. A maioria dos causos aconteceu nas imediações da sua eleição para governador do Estado do Rio, em 1982, quando eu era repórter da Rádio Jornal do Brasil.

Cursando Jornalismo na ECO, filiei-me ao recém-criado PDT de Macaé, minha terra natalícia. À época, apreciava os avanços civilizatórios da bem-sucedida social-democracia europeia, na qual Brizola se oxigenara na etapa derradeira do exílio. Apesar disso, matriculei-me nesse acrônimo partidário, especialmente, por impulsos provincianos; três grandes amigos macaenses – um dos quais morava comigo no Rio – seriam candidatos a prefeito (Ronaldo Madeira) e a vereador (Cláudio Santos e Juarito Chaloub) pela legenda. Os dois pretendentes à vereança elegeram-se. Tempos depois de conquistar o meu inaugural emprego na Rádio JB, desfiliei-

-me, para não misturar as bolas. Ademais, a minha complicada natureza é inconciliável com ordem unida. Nunca mais associei-me a qualquer partido, nem mentalmente.

Certa ocasião, cativante como poucos, Brizola convidou-me para almoçar no extinto Porção de Ipanema, seu restaurante favorito. Éramos poucos à mesa, quatro ou cinco. E recebemos uma aula inesquecível sobre carnes do dublê de pecuarista, nascido no lugarejo de Cruzinha, pertencente ao município de Passo Fundo até 1931, quando passou à jurisdição de Carazinho. A cada peça que desfilava no rodízio, ele fazia questão de esmiuçá-la, de mencionar as origens e de orientar os cortes; às vezes, se levantava e acaudilhava o manejo dos espetos e das cuchilhas. E enfatizava tonitruante, como se dividisse um segredo crucial: "Mal passada. Mal passada. Carne tem que ser mal passada". Um show impressionante do carismático artista gaúcho de olhar faiscante.

A Copa do Mundo de 82 concomitou com as preliminares efervescentes das eleições para governador na fase final da ditadura militar, que só as tinha permitido nos seus primórdios, em 1965. Sugeri à direção de jornalismo da Rádio JB de eu assistir os três jogos do ciclo inicial do torneio na companhia de um dos potenciais governador, que comentaria, no intervalo e no fim, a peleja para a emissora. E dessa forma se sucedeu com Moreira Franco, Leonel Brizola e Miro Teixeira. O Brasil reunia aquele timaço de Zico, Falcão, Sócrates etc., e o otimismo transbordava. Coube a Brizola analisar a partida contra a Escócia, na qual vencemos de 4 a 1. O surrealismo ficou por conta do circunstancial cenário: apenas eu, Brizola e dona Neuza aboletados e com as pernas estiradas sobre a cama no quarto do casal. Não me recordo se havia televisão na sempre congestionada sala do apartamento, em Copacabana, em que estive meia dúzia de oportunidades. Pela intensa movimentação política naquele espaço, é possível que ninguém conseguisse ver TV ali. Como também não conhecia as demais dependências da casa, deduzi que vimos o jogo no suposto dormitório dos cônjuges em uma imagem digna de Buñuel, regada a água mineral São Lourenço.

A célebre gesta da apuração do pleito de 1982, no Estado do Rio, opondo a coleta rudimentar da verdade das urnas pela Rádio JB à tecnologização contaminada da Proconsult e reverberada na Rede Globo, protagoniza nos anais eleitorais brasileiros. Sob o comando dos experientes e competentes jornalistas Procópio Mineiro e Pery Cotta, a Rádio JB preparara-se para um levantamento artesanal em todas as zonas eleitorais. Simplesmente somava os votos consagrados em cada seção, enquanto a empresa Proconsult computava fraudulentamente em favor de Moreira Franco, candidato do regime militar. A eleição caiu em uma segunda-feira, e os cômputos da Rádio JB e da Rede Globo divorciavam-se escandalosamente no correr da semana. Sem definição do vencedor, incumbiram-me, por ter boa relação com Brizola, de estimulá-lo a assumir a vitória mesmo antes do resultado oficial. O comando do conglomerado JB convencera-se de que, se ele não o fizesse, lhe roubariam o acesso ao Palácio Guanabara. Na quinta-feira, procurei Leonel Brizola para lhe encaminhar a proposta. Aportei no apartamento dele por volta das 14 horas. Uma multidão transitava por lá freneticamente; os aliados Cibilis Vianna, Doutel de Andrade, Neiva Moreira, Paulo Ribeiro, José Colagrossi, Trajano Ribeiro, Sebastião Nery, José Gomes Talarico, Darcy Ribeiro, Marcello Alencar e muitos outros. Lembro-me dos jornalistas Tarso de Castro e Roberto D'Ávila perambulando. Conseguimos prosear no começo da noite, quando a agitação se abrandara um pouco. Estávamos os dois; não me recordo se havia mais alguém no ambiente. Eu sentado em uma mesa redonda e ele em pé; ora à minha frente, ora dando voltas em torno do móvel e passando por trás de mim. Encaminhei a sugestão, e Brizola não respondia. Performático, falava coisas como "temos que cuidar da nossa gente mais pobre" e "é preciso salvar as criancinhas". E ressaltava: "Salvar as criancinhas", enquanto botava as mãos na cabeça e mirava o além. Não sei que duração levou esse transe messiânico. De repente, sentou-se e sondou: "Como faremos isso?". Eu lhe expliquei o desenho da entrevista, que se daria nos estúdios da Rádio JB. Eliakin Araújo, principal locutor da emissora, lhe perguntaria, de chofre, algo mais ou menos assim, sem poder designá-lo como "governador": "Senhor Leonel Brizola, diante dos números apurados pela Rádio Jornal do Brasil, o senhor já se considera o governador eleito do Estado do Rio de Janeiro?". E Brizola responderia que sim. Matreiro, Brizola contrapropôs alterar o roteiro: "Aí eu também faço uma pergunta. Qual é a contagem da Rádio Jornal do Brasil?". Àquela altura, Brizola contabilizava cerca de 100 mil votos a mais do que Moreira Franco. Eliakin atualizaria os algarismos, e, em função da acachapante diferença, Brizola proclamaria: "Diante da evidência dos números da Rádio Jornal do Brasil, eu já posso me considerar o governador eleito do Estado do Rio de Janeiro". No domingo, a encenação repetiu-se nos microfones da transmissora e as tramoias daquele processo encerraram-se.

Ainda não empossado, Brizola viajou a São Paulo para conversar, separadamente, com Lula e Franco Montoro, governador igualmente eleito naquele estado. Sugeriu que eu fosse para cobrir os compromissos. A rádio providenciou as minhas passagens e nos juntamos no Santos Dumont. Fazia-se acompanhar de Danilo Groff, Jamil Haddad, Marcelo Alencar, Bocayuva Cunha e, salvo engano, Saturnino Braga; com exceção do primeiro, todos especulados como possível prefeito do Rio nomeado por Brizola. Na ocasião, os alcaides das capitais eram escolhidos pelos governadores. No dia anterior, a revista *Veja* publicara, nas míticas "páginas amarelas", a famosa entrevista com Neusinha Brizola, que deu panos para a manga e profundos dissabores ao pai. No aeroporto, Brizola quis saber o que eu achava da entrevista etc. Não havia muito a lhe dizer. Sempre fui liberal nos costumes, e nada daquilo me chocava. No mais, não tinha, até aquele átimo, a menor prática em "aconselhar" políticos. Minhas precariedades devem tê-lo decepcionado. O conciliábulo com Lula ocorreu na residência burguesa do, então, casal Marta e Eduardo Suplicy. Fiquei isolado em um cômodo à parte, tendo ao alcance algumas revistas *Playboys* e similares, que imaginei pertencer aos filhos libidinosos. De lambuja, na volta, Brizola deu-me a entender – porém, sem ser categórico e me pedindo reserva com a especulação – que nomearia o médico Jamil Haddad prefeito do Rio, o que se confirmou ulteriormente.

Em dezembro de 1982, a revista *Visão* promoveu uma festança para glorificar o governador eleito de Minas Gerais, Tancredo Neves, como "O Homem de Visão do Ano", no que hoje é o hotel Fairmont Copacabana, no Posto 6. A ditadura militar definhava, e Tancredo convertera-se em atraente aposta civil para vários setores do capitalismo nacional. Todo o PIB brasileiro marcava presença. Brizola recepcionou Tancredo na porta do hotel e o conduziu ao salão da solenidade. Naturalmente, abriu-se uma espécie de corredor polonês entre os pecuniosos e os dois flanaram pelo meio sem parar para falar com ninguém, apenas distribuindo meneios e sorrisos. Eu parolava com Doutel de Andrade e Bocayuva Cunha na lateral que seria margeada por Tancredo, tendo Brizola a ladeá-lo. Quando se aproximou de nós, Brizola atravessou o braço na frente de Tancredo e me abraçou, para espanto de todos, sobretudo o meu. Assim que Brizola me soltou, Tancredo igualmente me enlaçou, para a curiosidade geral, inclusive a minha. (Não creio que raposa política mineira se lembrasse de mim nem alimentasse razões para o efusivo gesto. Eu estivera com Tancredo em escassos instantes, em missão jornalística. Posteriormente ao episódio do amplexo, quando eu já migrara para o Jornal do Brasil, visitei-o em sua morada carioca, levado pelo talentoso e saudoso jornalista Villas-Bôas Corrêa.) Comentei com Doutel e Bocayuva que não entendia o arroubo de Tancredo. Sempre extremamente espirituoso, Doutel pilheriou: "Ele deve ter pensado que você financiou a campanha de Brizola".

No mesmo hotel, vivenciei um imenso mico profissional. O socialista Mário Soares era primeiro-ministro de Portugal e se hospedara lá. Por intermédio de Brizola, logrei uma entrevista exclusiva para a Rádio JB. Gravamos durante 22 minutos. Na hora da reprodução, não saiu um som. Eu não gravara patavina. Vexame total.

No verão de 1989, ano da primeira eleição direta pós-ditadura para a Presidência da República, já na *Veja*, fiz uma matéria "revelando" que Brizola nascera batizado com o nome de Itagiba, entretanto mudara mais tarde para Leonel, em homenagem a Leonel Rocha, um dos chefes dos maragatos, na Revolução de 1923, na luta contra os ximangos do governo continuísta de Borges de Medeiros. Com um ano, Brizola perdera o pai José de Oliveira Brizola, morto pelas forças governamentais no referido conflito gaúcho.

Sem nenhuma causa específica, nos distanciamos em meados da década de 80, embora eu tivesse votado em Darcy Ribeiro para sucedê-lo em 1986. Eu saíra do grupo JB em 85 e o nosso convívio fora muito atrelado à essa circunstância profissional. Após retornar do banimento lubrificado pela, então, pujante social-democracia europeia e de introjetar uma certa modernidade política, Leonel Brizola reflui às origens, salientando a condição de herdeiro orgânico do trabalhismo de Getúlio Vargas, referência distante e sem apelo para as novas gerações. Eu admirava o político reciclado na contemporaneidade do socialismo democrático; não tanto o apegado às reportações transatas. Desde 1990, ininterruptamente, com maior ou menor envolvimento, participo de campanhas eleitorais profissionalmente. Confinado, por causa da Covid, fiquei de fora dos pleitos municipais de 2020, quando completaria 30 anos nesse abstrato ofício. Já trabalhei para todos os espectros ideológicos e me esforço para evitar pertencimentos e rotulações. Curiosamente, a primeira campanha que fiz foi justamente contra Leonel Brizola. Assessorei Nelson Carneiro, então presidente do Senado, na disputa para o governo do Estado do Rio, vencida pelo pontífice pedetista. Em 1992, integrei a equipe do ex-brizolista Cesar Maia que ganhou a prefeitura do Rio. Cesar fora secretário de Fazenda de Brizola, deputado federal pelo PDT e se tornara dissidente. Em suma, nas minhas primevas cruzadas eleitorais profissionais, coincidiu de eu estar em campo oposto a Brizola. Nas condições de governador e prefeito, Brizola e Cesar tiveram uns despachos institucionais testemunhados por mim. Em 2002, sufraguei o nome de Brizola para o Senado, todavia ele não se elegeu.

Voltamos a nos facear somente em 2004. Eu labutava na pré-campanha de Luiz Paulo Conde à Prefeitura do Rio, que sensibilizava alguns brizolistas. Conde, que flertara com o brizolismo no passado, queria vê-lo para obter o seu apoio. Pedi ao escudeiro Jecy Sarmento que fizesse a mediação. Ele me botou em contato com o ex-governador e marcamos um encontro a três. O papo aclimatou-se no apartamento de Brizola, no sétimo andar do número 3210 da Avenida Atlântica. Ao término, Brizola desceu para levar Conde ao carro e, ao se despedir, me solicitou que ficasse mais um pouco. O edifício São Carlos do Pinhal ganhara uma grade externa de proteção. Nos sentamos em um banquinho verde defronte ao prédio e confabulamos sobre conjunturas políticas. Nos finalmentes, Brizola disse-me que iria para a sua estância no Uruguai em breve, mas ligaria de lá. De fato, ligou duas vezes, para "saber das coisas". Paralelamente, corria uma manobra dentro do PMDB, orquestrada por Garotinho e Moreira Franco, para derrubar a candidatura de Conde em favor precisamente de Brizola. No nosso último colóquio telefônico, ele ficou de me contatar logo que regressasse ao Brasil. Não sei se o faria, contudo não deu tempo. Chegou com problemas de saúde e faleceu quatro dias depois, em 21 de junho de 2004, tendo à véspera se reunido com Garotinho, Rosinha e Moreira. Nos latíbulos da memória, acomodo o retrato do nosso cordial reencontro naquele prosaico banquinho verde em uma noite sem luar.

Da minha breve "forestgumpiana" carreira de jornalista, devo a Leonel Brizola parcela considerável dos raros momentos inesquecíveis. Goste-se ou não dele, faz muita falta. Não venero políticos. Com o nanismo dos atuais "representantes do povo" e a supremacia dos mocorongos, no entanto, o futuro centenário de Leonel Brizola merece ser comemorado vivamente. O líder gaúcho foi um dos mais expressivos políticos brasileiros em tempos em que ainda havia espírito público e gigantes em cena.

22/01/2021

Santiago, a última flor

Na Quarta-feira de Cinzas, assisti, no canal Curta!, o documentário "Santiago", de João Moreira Salles. O filme sustenta-se na especial figura do argentino de origem italiana Santiago Bandariotti Merlo, que fora mordomo da riquíssima família Moreira Salles por três décadas, de 1956 a 1986. Com depoimentos do personagem colhidos em 1992, que viria a falecer dois anos após, o projeto engasgou na primeira tentativa e se amoitou por mais de década. Em 2007, formatou-se, ganhando prêmios no Brasil e no exterior e estudos de doutos sobre as suas diversas atmosferas discursivas, que abarcam, entre outras, as cores da solidão, da memória, da temporalidade, da hierarquia tirânica no set cinematográfico e, no caso específico, da explícita relação patrão e empregado, que pareceu flagelar o cineasta, a ponto de usar uma amiga para direcionar as entrevistas e a voz do irmão Fernando para narrar a história. As filmagens com o já aposentado Santiago deram-se no "pequeno apartamento" dele no Leblon, ao longo de cinco dias. A equipe foi recebida com guardanapos embebidos em álcool e cânfora para que limpasse as mãos. Há fotogramas também da mansão da família, tratada como Casa da Gávea, que, hoje, alberga o valoroso Instituto Moreira Salles.

A despeito da qualidade da película, com fotografia de Walter Carvalho e edição de Eduardo Escorel, e da positiva emanação civilizatória da prole dos Moreira Salles, centro-me no que realmente me impressionou: Santiago Bandariotti Merlo. Por razões pouco explicitadas no filme, ele viveu desde garoto nas beiradas das altas-rodas e em contato com o que se convencionou chamar de "a grande arte". A então "europeia" Buenos Aires e a descendência ítala certamente alicerçaram uma vocação natural para a grandeza, fosse artística ou de ascensão social. No seu mundo, somente cabiam portentos. No magnífico Teatro Colón, alfabetizou-se no ambiente operístico. Encantavam-no Puccini e, principalmente, Verdi. No documentário, é interessante observar como ele sublinhava as preferências com a voz. Fez isso com Verdi, associando-o à "Traviata", e repetiu com Giotto, ao falar das quatro diminutas réplicas de madonas, do período quatrocentista, espremidas num cantinho do seu apartamento. Guardava também cópias de madonas pintadas por Rafael Sanzio e Filippo Lippi. (No fenomenal livro *A História da Arte*, uma das maiores referências sobre o tema, E. H. Gombrich coloca o pré-renascentista Giotto como o primeiro artista autoral do ofício. Antes, todos enquadravam-se como artesãos. Adquiria-se um quadro da mesma forma que se comprava uma mesa, sem valorar a paternidade. Com o genial Giotto, isso mudou; os artistas passaram a ser identificados com as suas obras).

Para quem não viu o documentário, vale esclarecer que Santiago era sempre filmado a meia distância, em preto e branco e sem closes, mas enquadrado como se confinasse em espaço claustrofóbico. Merecidamente vaidoso, orgulhava-se dos seus arranjos ornamentais, considerados inigualáveis pela cosmopolita, sofisticada e exigente patroa. Todavia, ele julgava-os imperfeitos, pois estaria sempre faltando a "última flor". Deslumbrava-se com as festanças e o público seleto da Casa da Gávea, onde levitavam monarcas, presidentes, magnatas, aristocratas e outros de dentição lapidar. Sacrificou férias para atender demandas festivas dos patrões. Em certa ocasião, coincidente com o aniversário do mordomo, os Moreira Salles recompensaram-no com o reconhecimento público sobre os seus inestimáveis préstimos e convocaram a todos os ilustres convivas para um brinde em homenagem a ele com "o melhor champagne". Para Santiago, uma epifania.

As mãos de Santiago merecem observações exclusivas. Elas não só "falam" bastante no documentário, como se afiguram instrumentos do seu elevado espírito. Não amalgamavam apenas identidades florais deslumbrantes, que ele costumava batizar com os nomes dos movimentos musicais nobres. Por sua "exigência", o filme retrata, em plano fechado, uma estranha "dança das mãos", onde elas, caricaturalmente, tentam expressar coisas que estão ali, porém não são vistas.

Com as benditas mãos, tocava ainda piano e castanholas com formalidades ritualísticas. Mesmo sem plateia, solitário, uniformizava-se de fraque para tocar Beethovem no Steinway de longa cauda dos Moreira Salles. Afinal, "é Beethovem", como dizia ao curioso "Joãozinho" (João Moreira Salles). Como "tudo que ressalta quer me ver chorar", tal qual cantou Caetano, chorei ao vê-lo dedilhar castanholas, possuído por alguma ancestral entidade espanhola. Não havia técnica, nem exuberância sonora; contudo, a postura e o olhar perdido no passado emocionaram-me convulsivamente.

Aliás, todos os olhares de Santiago voltavam-se para o pregresso. A sua faceta mais extraordinária era, digamos, de monástico copista. Poliglota, dominava seis idiomas e rezava em latim. Ao longo de quatro décadas, incumbiu-se de compilar dados sobre 6000 anos de trajetória das nobrezas e dinastias planetárias, coletados em bibliotecas de três continentes e reunidos em 30 mil páginas datiloscritas em uma Remington e amarradas caprichosamente por fitas importadas. Os transcrevia na língua em que garimpava, e com ponderações próprias sobre histórias e personalidades, glorificando uns e maldizendo outros. Elegeu Francesca da Rimini como a protagonista da sua homérica saga. Francesca fora uma linda fidalga medieval que se casara por conveniência, para aplacar a beligerância entre duas famílias conflagradas. Por determinação do seu pai Guido da Polenta, governante da cidade, uniu-se ao feioso e deformado Giovanni Malatesta, conhecido como Gianciotto, e o traiu com o irmão dele Paolo.

O atraiçoado matou os amantes. (Essa poranduba inspirou artistas excedentes. Os ingredientes de adultério e devassidão motivaram Dante a confinar Francesca no "Inferno" na *Divina Comédia*. A famosa escultura "O Beijo", de Rodin, recebera "Francesca da Rimini" como denominação primitiva, depois trocada. Jean-Auguste Dominique Ingres, Gustave Doré e demais retrataram o triângulo amoroso. Existe farto registro de imagens no Google. D'Annunzio, Rachmaninoff e Tchaikovsky melodiaram a tragédia). Indubitavelmente, Santiago sincronizava-se sempre com o admirável. O enciclopédico acervo criado por Santiago sobre os anais do patriciado encontra-se abrigado – e disponível, suponho – no Instituto Moreira Salles.

Homem de civilidades e delicadezas, Santiago apreciava o boxe, para espanto dos aproximados. Via os pugilistas como "gladiadores romanos", como se precise, permanentemente, de conexão pretérita para justificar o presente. Acho, entretanto, que Santiago configurava-se como aquele tipo raro de gente intemporal permeável, naturalmente, à nobiliarquia e, sobretudo, à grandeza, seja em que campo for. (Há 3000 a.C., o embrião do boxe florescera na Suméria, atravessara o Egito e chegara à Grécia, onde adquiriu status de esporte olímpico na 23ª Olimpíada da Antiguidade, em 688 a.C.. No século XVIII, os ingleses apropriaram-se e modernizaram o boxe, conferindo-lhe ares de desporto distinto e com um campeão de alcunha Gentleman Jackson). Para mitificar Fred Astaire, Santiago dispensava analogias. Compatibilizavam-se, visceralmente, na devoção à elegância. Considerava o filme "A Roda da Fortuna", de Vicent Minelli com Fred Astaire e Cyd Charisse, de 1953, o melhor de todos. O documentário de João Moreira Salles incorpora a cena em que ambos bailam ao som da maravilhosa "Dancing in the dark", o que me fez novamente marejar. Coincidentemente, eu ilustrara com a mesma passagem um texto sobre elegância que postara aqui no Face, em 5 de setembro de 2019.

Ao comentar sobre gentes e ambiências excepcionais, Santiago falava essencialmente de si. Não precisava dormir, para sonhar que, mesmo fugazmente, pertencera à aristocracia francesa, como se idealizava. Podemos imaginá-lo facilmente em Versailles. Leituras apressadas contrapõem suas fantasias com a ilusão de fazer parte de um universo que ele nunca pertenceu, como compensação à ingente solidão. Ao contrário, a seu modo, Santiago conheceu, profundamente, as pessoas e os lugares notáveis retratados. Ele era um deles. Sempre foi.

Na obra, a centralidade em Santiago não eclipsa algumas das notórias virtudes dos Moreira Salles. Além de seus qualificados trabalhos artísticos, os filhos ultramilionários perfilam-se na categoria de capitalistas cultos com sensibilidade social e ambiental, afiliados aos imperativos iluministas e contemporâneos. Devemos a João a generosidade de dividir conosco essa figuraça tão fascinante e invulgar que foi Santiago.

Durante as filmagens, intrigado com a excessiva movimentação no imóvel do reservado Santiago, um jornaleiro conhecido perguntou-lhe sobre o agito. Ao que ele respondeu, com a sua alma de faraó de prontidão: "Vieram me embalsamar". Santiago desconhecia as pequenas coisas; elas também não o conheciam. Nascido em 1912, o anacoreta Santiago Bandariotti Merlo empreendeu "a grande partida" em 1994.

19/02/2021

O choque tectônico entre Bolsonaro e Lula

Após o ministro Edson Fachin anular as condenações de Lula na Lava Jato por vias inusitadas, políticos, especialistas, diletantes e quiromantes passaram a preludiar a inevitabilidade de um confronto entre Bolsonaro e o líder petista na eleição presidencial vindoura. É bastante provável, mas incerto. Vaticínios temporãos não costumam se confirmar em pleitos presidenciais no Brasil, a despeito da lustrosa evidência de muitos deles. Cada vez mais, para os finalmentes, vale o que acontece no período da campanha oficial, com os candidatos já sagrados em convenções e sujeitos às idiossincrasias das mídias, às temáticas imperantes, às pocilgas do submundo das fake news, às oscilações das pesquisas, aos ilusórios debates, aos pragmáticos conchavos políticos, às traições dos dissimulados aliados, às temperaturas das ruas e às lógicas de rejeição e de voto útil. Não se ganha escrutínios presidenciais antecipadamente, embora, desde a redemocratização do país, os pretendentes à reeleição lograram êxito. Inegavelmente, há vantagens para os que se habilitam à recondução do mandato. Governantes e governos, naturalmente, carregam avaliações, positivas e negativas, que sobrepesam no pronunciamento do eleitorado. Isso também abarca ex--governantes e ex-governos. E a política brasileira nos ensina que, metaforicamente, não há vivos nem mortos eternos.

Com a surpreendente cabriola de Fachin, Lula tornou-se elegível, e a Lava Jato está praticamente enterrada; desonrada pelas estripulias de seus provincianos e deslumbrados embusteiros. O patriarca do PT, no entanto, terá as suas supostas transgressões examinadas em outro foro judicial, em Brasília. Até que se prove o contrário, conforme a legislação brasileira, Lula é inocente. Se o STF não decretar a suspeição de Sergio Moro, o novo magistrado poderá aproveitar provas, oitivas e vários elementos dos processos de Curitiba, agilizando procedimentos e vereditos. Hipoteticamente, se houvesse celeridade no julgamento e fundamentos, Lula poderia ser apenado antes das eleições 2022. A condenação em primeira instância, todavia, não impediria que ele viesse a concorrer; porém, encarvoaria a candidatura. Para que Lula se convertesse, definitivamente, em "ficha-suja" – portanto, inelegível –, ele precisaria ser criminalizado também por despacho judicial colegiado em segunda instância. Se o STF considerar Moro suspeito – como parece propício (*) –, começa tudo do zero, com pouquíssimas possibilidades de as sentenças despontarem antes do pleito presidencial. Por isso, Lula insiste na suspeição de Moro. Pela histórica morosidade do Judiciário auriverde, dificilmente Lula será julgado em duas comarcas até a jornada presidencial. Sumarizando: se quiser, Lula candidatar-se-á, mesmo se condenado em primeira instância. Após tanta trapalhada, o ideal seria que o Judiciário arbitrasse sobre Lula antes ou depois do pleito, e não durante o curso eleitoral, para evitar interferir diretamente no processo e provocar nova barafunda.

A perspectiva da candidatura de Lula trouxe euforia às fileiras petistas e preocupação às brigadas bolsonaristas. O antilulopetismo, que elegeu Bolsonaro, entretanto, permanece pulsante. E não deve ser menosprezado. A maioria das pessoas não consegue avaliar a sua real intensidade na escala Richter dos rancores políticos. Ideologias à parte, milhões de brasileiros sentiram-se – e ainda se sentem – injuriados pelos valores e práticas surdidos nos governos petistas, com espraiamento pelas glebas morais e identitárias. Os estomagados acumulam as suas razões. Na mão inversa, sou visitado por sentimentos de pavor e repulsa, presumivelmente, assemelhados. Espantado com esses impulsos, tento dimensionar a magnitude do antilulopetismo. Para mim, não existe nada pior do que Bolsonaro e tudo que ele faz e representa. Sem vício ideológico e motivado, normalmente, apenas pelas coisas propositivas, vou votar em qualquer outro, seja o outro quem for e esperando que não se transfigure em um flagelo como o presidente. Não o farei por espasmo ideológico, apesar de rechaçar extremos. Reputo Bolsonaro despreparado, desqualificado, primitivo, perigoso, reacionário, despótico, vingativo, dementado, anti-inlectualista e funesto. Espírito e cérebro liliputianos. Um pilrete sem o menor apreço pelas virtudes civilizatórias, a liberdade e a democracia. Um cruzado a serviço dos haveres medievais em permanente confronto com a modernidade. O elenco de pré-postulantes não me entusiasma, embora não os veja iguais. Essa deliberação precipitada e balizada, exclusivamente, na rejeição a Bolsonaro perverte a minha índole racionalista, todavia me ajuda a precificar e a ponderar o ainda pujante antilulopetismo. Se estou incitado a votar, unicamente, pelo estímulo do antiBolsonaro, esforço-me para compreender a gênese e o tamanho da força do antilulopetismo, malgradas as respectivas nuances. Muitos continuam possuídos pelo antilulopetismo. O antibolsonarismo robustece-se, contudo o antilulupetismo não arrefece; pelo menos, por enquanto. O antilulopetismo confluiu para uma personalização, artificialmente, "mitificada". Já o antibolsonarismo afigura-se em negação desenlaçada de fulanizações, sem legatários prévios. O futuro poderá nos indicar qual desses influxos se tornou maior.

Faz-se labiríntico pressagiar com que fachadas Bolsonaro disputará a reeleição. O governo carece de marcas positivas e de eficiência. Não obstante associar-se, equivocadamente, à pauta das reformas liberais, a administração bolsonarista só empreendeu a da Previdência, e por decisão determinante do Congresso. Comprado por certa elite como privatista no fraudulento pacote Paulo Guedes, Bolsonaro é, essencialmente, estatista ou nem isso; talvez, somente um office-boy do corporativismo militar. No âmbito da política internacional, não deu um passo adequado, colocando-se como servil do troglodita master americano, inimizando-se, gratuitamente, com a China e incendiando as diligências de proteção da Amazônia. Por não ter competência nem vocação administrativa, Bolsonaro faz do conflito profissão de fé. Instigou os seus sectários contra o Congresso e o STF, ambicionando uma quartelada, amaneirada pelos problemas do filho senador com a Justiça e pela aparente falta de adesão das Forças Armadas na ocasião. Agora, adubando o terreno para o autogolpe, Bolsonaro intensifica a liberação da compra de armas para os seus cangaceiros e militariza postos-chaves do governo. E, perturbado pelo imaginário de enfrentar Lula, reativa sonhos ditatoriais e golfa indícios de suas indecentes intenções, falando em estado de sítio e em jargões golpistas. Protagonizou a pior – e mais criminosa – performance de líder mundial no combate a Covid-19, com o custo de milhares de vida. E essa calamidade não está totalmente contabilizada. Depois de inúmeros descalabros, cedeu ao Centrão para conter, no Congresso, qualquer iniciativa que objetive desenraizá-lo do Palácio do Planalto. Tampouco poderá ter garantias disso. Por ação antidemocrática e inação contra a pandemia, somam-se justificativas a rodo para o impeachment do presidente. Não há indícios de que isso advirá. O Centrão, porém, mimetiza profissional instinto de sobrevivência. No Brasil, os políticos de centro, centro-direita e de direita não sabem sobreviver na oposição. Precisam sempre situar-se a bordo de governos, mesmo que ideologicamente antagônicos. Fiel à sua sina, o Centrão tentará se apropriar de todo o governo. Se Bolsonaro desidratar na corrida eleitoral, o conglomerado sugará a administração até quando puder e o trocará por outra apólice de poder. A base nordestina do Centrão sabe do potencial de Lula na região, e, no devido tempo, vai analisar se valerá a pena confrontá-lo. Levantamento do instituto IPEC, antes da manifestação de Fachin, já anotava 66% de rejeição de Bolsonaro no Nordeste. E, em puro exercício especulativo, adiante, surgindo outra postulação do eixo conservador-liberal potente, se Bolsonaro estiver em baixa, o Centrão poderá, maquiavelicamente, animar a interdição do presidente – afinal, razões não faltam –, para tirá-lo da frente e favorecer uma candidatura que não arraste o ônus do antibolsonarismo e se beneficie do antilulopetismo.

Bolsonaro mantém-se forte e, provisoriamente, favorito com cerca de um terço das intenções de voto, segundo recentes pesquisas do instituto Ideia e da consultoria Atlas. Na casa dos 20%, Lula o coadjuva, com os demais não ultrapassando o patamar de 10%. Registre-se que pesquisas, agora, detectam apenas o óbvio superficial, sem valia para aprofundar cenários. Não se pode excluir a contingência de a ressurreição de Lula vier a atiçar o antilulopetismo, novamente, em proveito de Bolsonaro. A vultosa tribo de bolsonaristas raiz – milícias de várias origens, inclusas – tende a ficar com o presidente em quaisquer circunstâncias, pois a identidade comum prevalece sobre a apreciação administrativa. Alinham-se a Bolsonaro pela afinidade com a sua persona, e não por acharem que ele faz um excelente governo. O Brasil é um país, majoritariamente, conservador e atrasado. E Bolsonaro é exatamente isso. Nem todo bolsonarista, no entanto, vincula-se a ele pelas veredas do atraso. O presidente agrega apoios em grandes segmentos empresariais, notadamente no insensível e mercurial mercado financeiro. O tal "mercado". Confesso que esse é um setor que me intriga. Recentemente, vi duas lives com graúdos representantes dessa casta e fiquei abismado. Como pode gente supostamente racional e bem formada educacionalmente, com PhDs em Harvard, Princeton, Cambridge, MIT etc., não enxergar que a chance do país progredir com Bolsonaro é mínima, quase zero? O mercado demanda estabilidade; e tudo que Bolsonaro oferece é permanente instabilidade. Nenhuma nação democrática desenvolve-se com um mandatário incompetente, ignorante, descontrolado, carbonário e negacionista. O cavalo Paulo Guedes foi adquirido a preço de puro-sangue inglês pelo mercado, e Bolsonaro o transformou em pangaré. No mais, em ambiente internacional favorável, consta que não houve sismos na economia durante os governos Lula; atenuante inaplicável à regência de Dilma. O temor do mercado com um eventual despejo de Bolsonaro reveste-se de irracionalidade, que, aliás, é o ativo mais valorizado aqui e alhures. Com Bolsonaro é que o Brasil não irá a lugar nenhum. Economia manquejante, desemprego avassalador e indomável déficit fiscal deverão salgar a paisagem da eleição presidencial. Mesmo com o governo intubado, não será surpresa se nascerem irresponsáveis e oportunísticos auxílios emergenciais no ano eleitoral, mirando o voto dos desassistidos e arrombando os cofres públicos.

O previsto choque tectônico entre Bolsonaro e Lula, a princípio, não inviabiliza alternativas, mas as narcotiza e as limita. Os outsiders multiplicarão as suas cautelas para aceitar o desafio. Opções virão dos quadros políticos convencionais, apostando no duplo repúdio a Bolsonaro e a Lula. Nomes à esquerda arriscam-se a esterilização. A fragmentação não é aconselhável para as correntes de centro-direita, centro e centro-esquerda. Agora, é a hora dos minuetos e das escaramuças preliminares. No momento, não há progressos socioeconômicos no horizonte. É cedo para catalogar as verdadeiras condições que imperarão à época do pleito. Importa é o que acontecerá na campanha propriamente dita. Antes disso, só terá peso relevante a imprevista subtração do processo de Bolsonaro, por impedimento, ou de Lula, por condenação. A eleição não se encontra, irremediavelmente, circunscrita ao atual e ao ex-presidente. Aparentemente, entretanto, ficou mais difícil para os outros atores. Contudo, é eleição.

(*) No dia 23 de março de 2021, a 2ª Turma do STF decretou a parcialidade de Sergio Moro. Sentença confirmada pelo pleno do STF um mês depois.

14/03/2021

Napoleão e o escravagismo mental

Em 5 de maio último, solenizou-se o bicentenário da morte de Napoleão Bonaparte, motivando estrebuchos de falanges politicamente corretas, que depreciam o estadista por protagonizar governos autoritários, incentivar guerras expansionistas, ser misógino e, sobretudo, restabelecer a escravidão nas colônias francesas. De fato, a Revolução Francesa, principiada em 1789, aboliu a escravização em seus domínios cinco anos mais tarde. Em 1799, Napoleão empreendeu um golpe militar e se assenhoreou do poder na França, dando início ao Império Napoleônico. Em 1802, Napoleão restituiu o escravagismo nas colônias gálicas, por razões econômicas, barateando a produção de açúcar e café, e para mitigar insurgências, já que algumas possessões, como a Martinica, não se submeteram aos ditames abolicionistas, o que implicava em custosas mobilizações militares diversionistas. Napoleão precisava dos seus exércitos para a ampliação do império, e não para pastorear os territórios franceses.

O escravismo configura-se na suprema vileza perpetrada pela raça humana, secundado pelo racismo. No entanto, existe desde os tempos imemoriais e, em certas quadras, exibiu-se como prática, socialmente, normalizada e avalizada pelos vigentes status quo. Carecia também de censura moral. Como regra, começou como despojo de guerras; os derrotados eram escravizados automaticamente. Em seguida, a escravatura adquiriu adornos econômicos, como mão de obra e mercadoria (venda de escravos). Chegou a haver escravismo governamental em Esparta, onde escravos pertenciam ao Estado. Muitos povos escravizaram e foram escravizados. E a faceta hedionda da escravidão mostrou-se em múltiplas circunstâncias. Houve quem vendesse a sua liberdade e se tornasse escravo. Houve quem mercadejasse os próprios familiares. Endividados transformavam-se em cativos. E escravos possuíram escravos. Na Bahia, tornou-se lendária a história do haussá africano Manuel Joaquim Ricardo, que, mesmo cativo, adquiriu escravos, começando o seu plantel pela menina Thomazia, de 12 anos. A medida em que amealhava recursos, ele comprava escravos, e não a sua liberdade. Ao morrer alforriado, em 1865, ele fizera-se um dos homens mais ricos da Bahia, tendo deixado viúva, quatro filhos, 42 contos de réis, quatro casas (entre elas, uma senzala), duas roças e 28 escravos.

As religiões não se contrapunham. Não há explícita condenação à escravidão na Bíblia. "Não cobiçarás a casa do teu próximo, não cobiçarás a mulher do teu próximo, nem seu escravo, nem sua escrava", Êxodo 20:17. "E vós, servos, obedecei a vossos senhores, com temor e tremor, na sinceridade do vosso coração, como a Cristo", Efésios 6:5 no Novo Testamento.

Aos 86 anos, Abraão, o venerável patriarca das religiões abraâmicas – as monoteístas Judaísmo, Cristianismo e Islamismo –, teve o primeiro filho Ismael com a escrava e concubina egípcia Agar. Abraão teve mais seis rebentos com a igualmente concubina Quetura e um com a esposa Sara; o bíblico Isaac, que Deus poupou do sacrifício. O profeta Maomé, ao nascer, o seu pai Abedalá já havia falecido e deixado para a família cinco camelos e uma escrava. A escravaria no mundo mulçumano implantara-se no período pré-islâmico e ainda resiste no Sudão e na Mauritânia. Diversas ordens católicas tiveram escravos, como os beneditinos no Brasil no decurso colonial. O Papa Leão XIII, todavia, apoiou Dom Pedro II e a filha Princesa Isabel na luta pela abolição no Brasil.

A escravidão não se deu apenas entre bárbaros e asselvajados. Tampouco foi exclusivamente genotípica. Na referente Babilônia, no século XVIII a. C., o Código de Hamurabi contemplava leis regulatórias sobre a relação de senhores e escravos. Estima-se que, na sofisticada Grécia Antiga, cada cidadão tinha, no mínimo, um escravo. Na Ilíada e na Odisseia, as mulheres formam o maior contingente subjugado, muitas como amásias. Plutarco registrou que Sólon, um dos principais artífices da democracia ateniense, proibira os seus escravos de praticar ginástica e pederastia. Após as reformas sociais, econômicas e políticas formuladas por Sólon, incrementou-se o tráfico servil, com os pais autorizados a vender os filhos como escravos e os pobres a se auto negociarem. No livro *Política*, Aristóteles, aluno de Platão, tutor de Alexandre, o Grande, e um dos faróis da filosofia ocidental, abordou o tema "A Escravidão Natural". Sumarizando, segundo ele, uns nasceram para ser senhores e outros, escravos. O classicista americano Moses Finley ressaltou a paradoxal dualidade de escravagismo e democracia em solo helênico, fiando-se na observação do historiador grego Teopompo de que a ilha de Quios, que experimentara processo democrático precoce, converteu-se na primeira pólis a organizar o comércio escravagista. Na Roma Antiga, avalia-se que 30% da população era de cativos. É famosa e cinematográfica a revolta dos escravos comandada pelo trácio Espártaco, de 73 a.C. a 71 a.C. Nos estertores do Império Romano, em 533, o imperador Justiniano I criou o édito "Institutas" que definia: "Os servos ou nascem tais ou se fazem. Nascem das nossas escravas, ou fazem-se escravos pelo direito das gentes, mediante a captura ou pelo direito civil". O Império Otomano afirmou-se também como arquétipo de notável civilização escravocrata. Expandiu-se transcontinentalmente, escravizando parte dos oponentes conquistados. O institucional Harém Imperial do sultão otomano, composto majoritariamente por escravos (serviçais, amantes, eunucos etc.), durou de 1299 a 1923. Para enfrentar as investidas bélicas otomanas, a Espanha, a República de Veneza e os estados papais (hoje, só há o Vaticano) estruturaram a Liga Santa. Em 1571, facearam-se na sangrenta Batalha de Lepanto, no mar Jônico, vencida pela Liga Santa e vitimando cerca de 30 mil pessoas – mortos, mutilados e capturados. Entre os feridos, encontrava-se Miguel de Cervantes, que teve a mão esquerda avariada, valendo-lhe a chalaça de "o manco de Lepanto". Quatro anos depois, ao voltar de Nápoles para Castela, o azarado Cervantes, autor da obra-prima considerada o inaugural romance moderno, foi aprisionado por corsários argelinos, em missão do Império Otomano, e permaneceu detido em Argel até ter o resgate pago, em 1580. A escravidão configurou-se no determinante combustível da Guerra da Secessão americana, quatro décadas após o falecimento de Napoleão Bonaparte.

Pela nossa vivência e influência dos Estados Unidos, associamos a escravidão reflexamente à negritude. Historicamente, contudo, ela não se balizava por uma primazia fenotípica. Escravizaram-se negros e todo o tipo de gente. Negros escravizaram brancos; e negros escravizaram negros. E índios escravizaram índios. Aprendemos no colégio que a primeira tentativa de uso da mão de obra escrava no Brasil deu-se com os indígenas, muitos deles vendidos por tribos dominantes. Escravos brancos europeus pululavam na Roma Antiga. A escravidão branca incrementou-se durante o Império Otomano. Norte-africanos e mulçumanos caçavam caucasianos, eslavos e vikings em zonas europeias, para transacioná-los nos entrepostos escravistas da Costa Berbere. Durante o Canato da Crimeia, os tártaros incursionavam frequentemente pelos principados do Danúbio, Polônia, Lituânia e Moscou, para alimentar a fecunda mercancia de escravos com o Império Otomano. Contabiliza-se que os crimeanos detiveram mais de um milhão de desafortunados. O último expressivo ataque, em 1769, resultou na captura de aproximadamente 20 mil russos e rutenos. Somente em 1926, a Sociedade das Nações (entidade predecessora da ONU) elaborou um tratado, objetivando acabar com a escravidão e punir os recalcitrantes. Essa abjeta prática não findou plenamente, como sabemos. Mulheres continuam sendo submetidas à servidão sexual, inclusive na aprimorada e educada Europa. Boko Haram, Estado Islâmico e grupos lunáticos afins escravizam adolescentes para multiuso. Nas contas da Organização Internacional do Trabalho (OIT), há 27 milhões de indivíduos escravizados atualmente no planeta.

Estados, governos e líderes consolidavam-se, exclusivamente, pela força. O autoritarismo fazia-se inerente aos regimes de antanho. A instalação de governos, por via eleitoral ampla, afigura-se relativamente recente e não é universal até hoje. E, provavelmente, nunca será. Basta olhar a potente China e os potentados árabes. Portanto, evocar padrões contemporâneos para tentar criminalizar e desluzir Napoleão Bonaparte por gestões e condutas autocratas, na melhor das hipóteses, do ponto de vista histórico, não passa de oceânica ingenuidade, de apedeutismo juramentado. Quanto à aventada misoginia do renomado imperador, creio que seja verdadeira. Surpreendente seria se ele não fosse misógino. A história da humanidade é testicular. Na época de Napoleão, não se cogitava qualquer coisa de diferente. Ao pesquisar para este texto, encontrei imprecisas e especulativas referências de sociedades matriarcais em 35.000 a.C. Repetindo: 35 mil anos antes de

Cristo. No verbete "Sociedade Matriarcal" do Wikipédia, há outras suposições, e nenhuma certeza. Curiosamente, o mesmo verbete afiança a pequena mostra de matriarcado no reino animal; abelhas, elefantes, formigas, suricatos, baleias e saguis. Felizmente, há uma reversão, ainda tímida e insuficiente, em curso, porém consistente. Até mais ou menos 50 anos atrás, culturalmente, quase todos os homens da Terra exalavam androcentrismo, sem se importar ou arrastar ônus por isso. Ao contrário, valorizava-se bastante o papel do machão, conforme evidenciava Hollywood com os seus bogarts e waynes. O avanço feminino fortifica-se no trabalho e na independência financeira, e não na ênfase da vitimização, apesar das mulheres reunirem milhões e ancestrais motivos para as suas justíssimas reivindicações. Verberar Napoleão por misoginia – embora seja redundante, pois, aos olhos presentes, quase todos os homens eram ginófobos até poucas décadas passadas – encontra-se na lógica reducionista do cancelamento animada por novas hordas incultas e obtusas, amalgamadas por ressentimentos e mediocridades. A própria palavra misógino é de aplicação recente, a despeito de traduzir comportamentos milenares. Não faz o menor sentido julgar hábitos e procedimentos pretéritos pelas lentes de hoje, fora do espírito do tempo, notadamente se essas atitudes se encaixavam nas normas de então e recebiam o aval das respectivas sociedades.

Para piorar, a celeuma sobre as comemorações do bicentenário do falecimento de Napoleão Bonaparte ostenta, como pano de fundo, a eleição presidencial francesa em 2022. Os movimentos fazem parte dos oportunismos e das escaramuças preliminares. Mesquinhamente, segmentos de esquerda procuram desqualificar a importância de Napoleão, supondo que a efeméride possa vir a beneficiar a direita, que cultua o imperador e o vê como estadista e ícone de uma estação de glórias. Parcelas das esquerdas identitárias trocaram os ideais de igualdade pela exaltação das diferenças. Equilibrando-se entre críticos e defensores de Napoleão, o presidente Emmanuel Macron saiu-se bem ao homenageá-lo. Destacando os aspectos labirínticos do personagem, ele assinalou que Napoleão era "um ser complexo e uma parte de nós (franceses)", com uma obra "em claro-escuro" que não se revelou totalmente. Ao celebrar a data, Macrom justificou que o fez pelo "amor do saber e da história" e pela disposição de nada ceder aos que "tentam apagar o passado porque não corresponde à ideia que fazem do presente". Essa é a chave crucial.

Napoleão Bonaparte não era um cara bacaninha. Pertencia a laia dos grandes que se vestem com o manto da eternidade, assim como os também chefes militares Alexandre, o Grande, e Júlio César. Todos integrantes de qualquer lista sobre os personagens mais influentes da história. Não precisamos gostar de Napoleão; ele não faria a menor questão disso. Mas, não reconhecer o seu gigantismo histórico é coisa para voluntariosos escravos mentais, descerebrados e tacanhos, a serviço da insurreição dos pigmeus espirituais.

09/05/2021

Veado bom é só o nosso

O governador do Rio Grande do Sul, Eduardo Leite, assumiu ser gay, embora isso não fosse segredo para muitos. Neste Brasil predominantemente arcaico, sujeitou-se às maledicências, aos escárnios previsíveis. Isso aqui é uma roça mental. Pouquíssimo sei sobre ele, mas, diante da repercussão, dei uma "googlada". Vamos ao substantivo sobre a sua trajetória política. Filiou-se ao PSDB em 2001, militando há 20 anos na legenda. Praticamente um milagre em uma nação caracterizada pela infidelidade partidária. Foi vereador, presidente do Poder Legislativo de Pelotas e prefeito da cidade com apenas 27 anos. Na ocasião, já se posicionava a favor do casamento de pessoas do mesmo sexo, da descriminalização da maconha e da limitação da venda de armas para cidadãos urbanos, flexibilizando para os que vivem em áreas rurais. Por desacordar do instituto da reeleição, não se aventurou a um segundo mandato de prefeito, apadrinhando a sua vice Paula Mascarenhas, que venceu com 59,86% dos votos no primeiro turno. Em 2018, Eduardo Leite elegeu-se governador – o mais novo do país –, sustentando primados da social-democracia, do liberalismo econômico e do progressismo nos costumes. Assim como o principal adversário à época, o então governador Ivo Sartori, Eduardo Leite apoiou Jair Bolsonaro à Presidência da República. Eduardo Leite defende o parlamentarismo e a lipoaspiração no número de partidos. Ostenta credenciais de um genuíno social-democrata.

Não tenho a menor referência sobre as habilidades públicas de Eduardo Leite; se é administrador profícuo ou governador bom ou ruim, bem ou mal avaliado pelos gaúchos. Animado por dissidências no tucanato, ele colocou-se como pré-candidato à Presidência da República e disputa as prévias do PSDB com o governador João Doria e o senador Tasso Jereissati. Por isso, ao se revelar gay, colhe censuras de feudos politizados à direita e à esquerda. Parte das seitas identitárias, mesquinhamente, reduz o gesto a um oportunismo de alavancagem eleitoral e alardeia os vínculos com Bolsonaro em 2018. Parcela significativa da atual safra de governadores elegeu-se na onda bolsonarista; Eduardo Leite não foi o único. No Rio Grande do Sul, inclusive, no segundo turno, os dois finalistas abraçaram Bolsonaro, todavia o PSL, partido do "capitão" na ocasião, ficou com Ivo Sartori. Os mandatários eleitos nos três estados mais populosos do país também se arrimaram em Bolsonaro. Quase 57,8 milhões de brasileiros sufragaram o nome de Bolsonaro, convertendo-o no segundo presidente mais votado da nossa história republicana; Lula é o primeiro. Dada a ameaça que Bolsonaro representa para a democracia, importa agora é cativar os arrependidos, e não lhes criar constrangimentos, sejam eles políticos ou simples eleitores. Não se derrotará Bolsonaro sem o auxílio dos desiludidos.

A revelação de Eduardo Leite baliza-se, de fato, primordialmente, pelo processo eleitoral presidencial. Parece, portanto, atender mais a estratégia de tirá-lo da defensiva na temática da homossexualidade do que ajardinar votos. Preventivamente, antecipou-se às previstas sordidezes do submundo da política, que já se eriçavam. Pragmaticamente, em um país cada vez mais neopentecostal e conservador, anunciar-se gay não aparenta ser uma grande sacada para quem almeja a Presidência da República. Inegavelmente, a confissão aumenta-lhe o grau de exposição, tornando-o mais conhecido. No mais, descrentes das chances de João Doria, que, conforme as pesquisas, não consegue sensibilizar nem o eleitorado paulista, a direita não bolsonarista, o centro aturdido e a esquerda plúmea agonizam-se na busca de uma terceira via com potencial de enfrentar Bolsonaro e Lula. Eduardo Leite constitui-se na bola da vez, depois da inviabilidade política de Sergio Moro, da desistência de Luciano Huck e da consistente inanição eleitoral de João Doria. Nada indica que a tentativa será bem-sucedida, nem sequer que ele vá realmente se enroupar de candidato, pois precisa passar pelo crivo seletivo do seu partido.

No garimpo da terceira via, uma das maiores dificuldades é encontrar alguém com capacidade de seduzir as classes populares. A soma das altas rejeições de Bolsonaro e do lulopetismo, que embala os sonhos dos apóstolos da terceira via, em si, se mostra insuficiente para catapultar as aspirações da burguesia iluminista. Com o perfil da população brasileira, ninguém chegará à Presidência da República sem o amparo firme dos seguimentos populares e até conservadores. Reside aí a angústia da terceira via com os seus janotas. Eduardo Leite surge não como possível preferência sólida, mas justamente pela falta de opções naturais ao centro político. Por ora, a favor de Eduardo Leite a possibilidade de se apresentar como novidade, o que não significa o bastante no atual contexto nem garante exclusividade nesse quesito, já que poderão surgir outros.

O ambiente político sempre hostilizou os homossexuais, serenando um pouco nas últimas décadas. O criminoso e abominoso nazismo os carimbava com um triângulo rosa na demencial marcha genocida nos campos de concentração. A intolerância e até a violência contra os homossexuais predominavam na práxis política, sobretudo entre as subdivisões esquerdistas. No começo do século XIX, os socialistas utópicos viam com bons olhos a prevalência da liberdade (em todos os sentidos) e a afirmação das diferenças individuais. O socialista francês Charles Fourier, um dos pais do cooperativismo, reconhecia que, ao logo da vida, homens e mulheres poderiam ter distintas necessidades e preferências sexuais. Já o socialismo científico marxista instrumentalizava-se especificamente pela luta de classes. Sintetizando, enquanto o socialismo científico intentava revolucionar as relações econômicas, o socialismo utópico ambicionava também remodelar as interações humanas. "Os métodos do socialismo utópico – alteração das relações de produção, bem como das relações entre sexos, pela discussão da sexualidade, da família e da distinção entre o público e o privado – foram limitados pelo marxismo à luta de classes", anotou a historiadora Saskia Poldevaart. Em carta a Marx, que lhe encaminhara um livro de Karl H. Ulrichs, considerado um dos pioneiros do clamor gay mundial, Engels assinalou: "Os pederastas estão começando a contar-se e estão se dando conta de que são um poder nesse estado... A propósito, somente na Alemanha um homem como este pode converter esse lixo em teoria". Sumarizando, os marxistas não apreciavam reivindicações paralelas que pudessem nublar o foco central da querela de classes.

O homossexualismo encontrou advogados entre os anarquistas, que também acolhiam as causas pacifistas, antirracistas e feministas. Em 1871, pelo seu envolvimento no movimento sexo livre, a líder sufragista americana e anarquista Victoria Woodhull foi proscrita da Associação Internacional dos Trabalhadores, dominada por marxistas. A escritora alemã Lily Braun igualmente foi compelida a abandonar agremiação marxista pela abrangência de sua agenda. Em 1950, Harry Hay, sindicalista que comandara uma greve operária de 83 dias em São Francisco, foi enxotado do partido comunista americano, por fundar organização de defesa da comunidade gay. Um ano antes, flagrado em atos libidinosos, o cineasta Pier Paolo Pasolini fora expulso do partido comunista italiano.

Lenin percebia a emancipação sexual como algo típico das sociedades capitalistas e um sintoma da degeneração burguesa. "Não importa quão rebeldes e revolucionárias aparentam ser essas teorias sobre sexo. Em última análise, são completamente burguesas... Não há lugar para elas no partido, na consciência de classe e na luta operária", observou o prócer soviético, segundo Clara Zetkin, política marxista e figura histórica do feminismo alemão. A visão marxista-leninista prevaleceu e demarcou o itinerário do socialismo até a queda do Muro de Berlim. Nas ditaduras comunistas, homossexuais eram submetidos a trabalhos forçados, a confinamentos, a programas de "reeducação", a centros psiquiátricos, a prisões e a execuções. Na China, adotava-se ainda a castração. Em 1997, as autoridades chinesas consentiram com a relação homossexual privada. Em 2001, decretaram que o homossexualismo deixava de ser uma "doença mental". Em 2005, no entanto, forças policiais abortaram um festival cultural gay em Pequim. Em 2010, Fidel Castro penitenciou-se pela repressão cubana, que vitimou o escritor Reinaldo Arenas, entre tantos, e reconheceu que houve "momentos de muita injustiça".

Desde adolescente, a maioria das minhas melhores e rotineiras amizades é de homossexuais (mulheres e homens), tendo morado com alguns por anos. Se cabotino fosse, poderia reivindicar o esdrúxulo e arrogante "lugar de fala" sobre o assunto. A saudosa Suzana de Moraes, companheira de Adriana Calcanhotto, foi a mulher mais interessante com quem convivi. Na extensa experiência harmônica com homossexuais, depreendo que os assumidos normalizam mais facilmente as suas vidas. Como em quase tudo, porém, as camadas sociais e as ambiências sobrepesam. Uma coisa é a glamurosa Roberta Close, uma das mulheres mais lindas que vi, deslumbrando nas pistas do extinto Hippopotamus e deixando a todos de boca aberta. Outra coisa é um travesti melancólico, em trajes caricaturais e com uma vassoura na mão, limpando o salão de um bordel nos cafundós – a folclórica "bichinha de puteiro". Incontestavelmente, essa personagem susceptibiliza-se ao preconceito entranhado. Há nítidas distinções de tratamento em função das estratificações sociais e do sucesso pessoal.

Sopradores de estridentes vuvuzelas ideológicas e identitárias – inclusive alguns gays – alvoroçam-se em condenar a revelação de Eduardo Leite, impondo circunstâncias. Criticam-no pelo fato de ele ter apoiado Bolsonaro, o que é verdade, contudo não justifica a marginalização em uma democracia. Mesmo os que não votaram em Bolsonaro, como os da minha laia, não podiam imaginar que ele seria tão horroroso na Presidência da República. E o mais importante: vamos precisar dos penitentes para derrotar Bolsonaro. Não dá para contar meramente com o voluntarismo contraproducente do colérico PCO. Os injuriados questionam o átimo do insight de Eduardo Leite, associando-o particularmente à eleição presidencial. Quanto à ocasião específica, provavelmente estão certos, o que não deprecia a dimensão do ato. O ecossistema político brasileiro inibe manifestações nesse sentido. Berlim, Londres e Paris elegeram notórios prefeitos gays. Encontram-se em elevado estágio civilizacional. Aqui, ser gay traduz-se em óbice para projetos políticos majoritários.

Inexiste data ideal para se sair do armário. Cada um o faz de acordo com as suas contingências. Nascido em 1904, Daniel Guérin, tido como o avô do movimento homossexual francês e teórico do anarcocomunismo, somente saiu do armário já sexagenário e ainda recolheu o opróbio dos companheiros marxistas, que, nos dizeres dele, "normalmente desvalorizam a forma de opressão que é o terrorismo sexual". Lulu Santos também saiu do armário com mais de 60 anos. Ao contrário de Guérin, Lulu, felizmente, pôde ser festejado pelos seus pares. Ninguém se afigura melhor, pior ou merecedor de voto por ser hétero, homo ou qualquer outra coisa. Diariamente, milhares escapam do armário e tiram um peso paquidérmico das costas. Eduardo Leite foi apenas mais um. Ótimo. O maior problema dos binários esquerdistas identitários é o de desconsiderar o passado e achar que o mundo nasceu com eles. Não dá para (vá lá) "vanguardistas" infantilóides e rabugentos ficarem no mantra de que veado bom é só o nosso.

06/07/2021